Gerhard Drexel

Rund um den

Savignyplatz

be.bra verlag
berlin.brandenburg

Am Savignyplatz ist die Ruhe los

Wandelbarer Klassiker

Einer der traditionellen Seitenkieze des Kurfürstendamms ist der Savignyplatz an der Kantstraße, der durch Grolman- und Knesebeckstraße mit der Flaniermeile Ku'damm verbunden ist. Als rechteckiger Platz war der Savignyplatz schon im Hobrecht-Plan (1862) vorgesehen. Dieser »Bebauungsplan der Umgebung Berlins«, nach seinem Urheber, dem Architekten und Stadtbaurat James Hobrecht (1845–1902) benannt, diente als Grundlage für eine dringend notwendig gewordene Stadterweiterung Berlins.

Auch in Charlottenburg wurde nach dem Hobrecht-Plan ein Straßennetz auf der »grünen Wiese« angelegt. Die Straßen trugen zunächst nur Verwaltungsnummern. Erst ab der zweiten Hälfte des 19. Jahrhunderts versah man sie mit Namen, meist nach bekannten Personen. So wurde der Savignyplatz 1887 nach dem bedeutenden Juristen Friedrich Karl von Savigny (1779–1861) benannt, der an der Humboldt-Universität lehrte und zeitweilig preußischer Minister für Gesetzgebung war.

Der Stadtplaner Hobrecht prägte mit seinen Vorstellungen entscheidend das Gesicht Berlins. Er gilt als »Erfinder« der Berliner Mietskasernen, die das Bild von Stadtvierteln wie Kreuzberg und Prenzlauer Berg prägten, und die ein berlinspezifisches Wohnschema vorsahen: Im Vordergebäude lebten die Unternehmer, der erste Hof wurde vermietet und im zweiten war die Fabrik untergebracht. Um Hinterhofbewohnern – sowohl der Mietskasernen als auch von Höfen in bürgerlichen Wohnvierteln wie Charlottenburg – Gelegenheit zu geben, Luft und Sonne zu genießen, plante Hobrecht Plätze in die neuen Siedlungen ein. So auch den Savignyplatz, der im ausgehenden 19. Jahrhundert innerhalb eines bürgerlichen Charlottenburger Wohnviertels als »Rasenschmuckplatz« angelegt wurde. Mit der Einweihung des Bahnhofs »Savignyplatz«

[Savignyplatz um 1900]

am 1. August 1896 wurde das Viertel an das damals entstehende S-Bahnnetz angeschlossen.

Als »regelmäßiger Erholungs- und Gartenplatz« wurde 1926 der Savignyplatz unter Leitung von Stadtgartendirektor Erwin Barth (1880–1933) bepflanzt, der ihn als »Hausgarten« der Anwohner auffasste. Mit überrankten Lauben, Stauden und Bäumen wollte er eine grüne Oase in der Stadt schaffen, in welcher der Erholung Suchende den ringsum fließenden Verkehr nicht mehr bemerken sollte. Zwei Skulpturen des Bildhauers August Kraus (1868–1938), beide mit dem Titel »Knabe mit Ziege« (1926), schmücken seither den Savignyplatz.

Zur 750-Jahrfeier der Stadt Berlin 1987 wurde auf dem Savignyplatz, der nach Kriegsende in veränderter Form bepflanzt worden war, die Gartengestaltung von Erwin Barth rekonstruiert.

Ein hölzerner Kiosk von 1905 wurde ebenfalls instand gesetzt und als Blumenkiosk betrieben, er steht an der Kantstraße. Der Entwurf des unter Denkmalschutz stehenden Kiosks stammt von Alfred Grenander (1863–1931), der ab 1900 Chefarchitekt der Berli-

[Zwei »Knaben mit Ziegen« von August Kraus]

ner Hoch- und U-Bahn war und bis 1930 den Bau von U-Bahnlinien und Bahnhöfen, wie z.B. U-Bahnhof Wittenbergplatz, maßgeblich bestimmte.

Die beiden Ziegenhüter mit ihren Geißen, die bis zur Rekonstruktion 1987 mitten auf dem Rasen standen, müssen wieder auf hohen Sockeln stehen, mit gehörigem Abstand zum grünen Gras – vielleicht gebärden sich die Zicken deswegen so bockig.

Nach der Wende Nach Öffnung der Berliner Mauer am 9. November 1989 fuhren Ostberliner neugierig in den bisher unerreichbaren, obwohl nah gelegenen Westteil der Stadt, unternahmen einen Bummel über den in ihren Augen unglaublich hell erleuchteten Kurfürstendamm, die Kantstraße, den Savignyplatz, betrachteten staunend die vollen Schaufenster und aßen in Fastfood-Restaurants.

Doch wie nach der Wiedervereinigung Ostberliner die Westcity entdeckten, strömten in den folgenden Jahren Menschen vom Westteil der Stadt in die östlichen Stadtteile Berlins – bevorzugt nach Prenzlauer Berg, Mitte und später auch nach Friedrichs-

[Sitzlauben als Erholungsnischen in der Großstadt]

hain –, fanden günstigen Wohnraum, etablierten neue Bedürfnisse und veränderten den Alltag. Es boomte im Osten!

Als »Ausgleich« kam in westlichen Ausgehvierteln wie Kreuzberg, Schöneberg oder Charlottenburg so mancher Laden ins Trudeln. Doch nach ungefähr zehn Jahren begann sich die Westberliner Szene ihrer bewährten Strukturen zu erinnern und setzte wieder attraktive Akzente. Mit neuen Aktionen, wie dem jährlich im August stattfindenden Kurfürstendamm-Fest, möchte die AG City e.V., eine Arbeitsgemeinschaft von Geschäften des Kurfürstendamms und Charlottenburgs, die Renaissance der Westcity nach einer leichten Flaute durch den Boom im Stadtteil Mitte vorantreiben.

Am Kurfürstendamm wurde wieder investiert und gebaut, internationale Modemarken eröffneten ihre Filialen. Ein neuer Aufschwung erfasste die Flaniermeile und auch die Nachbarstraßen, darunter die Kantstraße und den Kiez um den Savignyplatz.

[Klaus-Peter Herbach im »Buchhändlerkeller«]

Literatur am Savignyplatz Berlin versuchte in den 50er Jahren die Schäden und die Not des Zweiten Weltkriegs so gut wie möglich vergessen zu machen. Es wurde wieder aufgebaut, die Menschen kleideten sich nach amerikanischer Mode, zu Filmfestspielen flogen Stars aus Hollywood ein, Rock´n Roll eroberte die Musikboxen und in Jazzkellern lauschten Pfeife rauchende Studenten mit ihren Freundinnen, die wadenlange enge Hosen und mit Gürteln geraffte Blusen trugen, der schwarzen Musik Amerikas. Neben der bildenden Kunst, die mit Informel-Malerei auf die Schrecken des vergangenen Kriegs reagierte, versuchten auch junge Schriftsteller die Geschehnisse zu reflektieren.

Als ein Forum für junge Literaten entwickelte sich in Berlin der 1951 vom Arbeitskreis für Jungbuchhändler gegründete »Buchhändlerkeller«, der in einem Keller im Stadtteil Friedenau Unterkunft fand. Schriftsteller wie Max Frisch, Günter Eich oder Uwe Johnson lasen im »Buchhändlerkeller« und diskutierten über ihre Werke. Wichtig für das neue Berliner Literaturleben war auch die Gründung des »Literarischen Colloquium Berlin (LCB)« 1962 durch

Walter Höllerer (geb. 1922), einem Schriftsteller und Literaturwissenschaftler, der an die Technische Universität Berlin berufen worden war. Höllerer fand für das LCB ein unversehrt gebliebenes Wohnhaus in der Carmerstr. 4 am Savignyplatz. 1970 musste das Haus einem Neubau weichen und das LCB zog hinaus an den Wannsee.

Das LCB zog weg, dafür kam der »Buchhändlerkeller«: Wo der amerikanische Historiker und Schriftsteller Michael S. Cullen (geb. 1939), der Anfang der 60er Jahre nach Berlin gekommen war, die kleine Kunstgalerie Mikro betrieben hatte, zog 1979 diese inzwischen zu einer der wichtigsten literarischen Institutionen der Stadt avancierte Einrichtung. Seit 1963 wird der »Buchhändlerkeller« von Klaus-Peter Herbach, dem heutigen Pressesprecher der Akademie der Künste Berlin-Brandenburg, geleitet. Er rief die regelmäßigen Donnerstaglesungen ins Leben, die noch immer veranstaltet werden.

Inzwischen hatte 1976 in der Carmerstr. 10 die »Autorenbuchhandlung« eröffnet, eine von zahlreichen Autoren unterstützte Buchhandlung, die ausgewählte und nicht überall zu bekommende Bücher, vor allem eine große Auswahl an Lyrik, in ihrem Sortiment führte.

Am Savignyplatz bekamen die Kneipen »Dicke Wirtin«, der 1969 eröffnete »Zwiebelfisch« und an der S-Bahn die Künstlerkneipe »Diener« das Image, Literatenkneipen zu sein.

Westberliner Buchregal Der damals entstandene Ruf des Savignyplatzes, die »literarische Ecke« Westberlins zu sein, lockte weitere Buchhandlungen an. Lesungen in den Buch-

[Die von Schriftstellern unterstützte »Autorenbuchhandlung«]

läden waren immer gut besucht. Einige der Buchhandlungen, wie »Marga Schoeller Bücherstube« oder »Romanische Buchhandlung«, haben sich auf fremdsprachige Literatur spezialisiert. Als sich die Schwulen- und Frauenbewegung in den 80er Jahren auch mittels Publikationen verstärkt ins öffentliche Bewusstsein brachte, war es nicht verwunderlich, dass in Nähe des Savignyplatzes der Buchladen für Homosexuelle »Prinz Eisenherz« und der Frauenbuchladen »Lilith« öffneten. Doch nachdem es Standard geworden ist, für Frauenliteratur selbst in Buchabteilungen von Kaufhäusern eine Regalecke einzurichten, schlug für »Lilith« zum Millenium das Stündchen.

Mit der Eröffnung der Buchhandlung »Bücherbogen« und der »Galerie Aedes« in mehreren S-Bahnbögen am Savignyplatz zu Beginn der 80er Jahre wurde aus der Schmuddelecke des S-Bahnhofs ein lichter Ort für Kulturliebhaber. Dass der Bahnhof so gar nicht zum schönen Platz passte, hatte politische Gründe. Die Betriebsrechte der S-Bahn lagen auch für Strecken in Westberlin bei der Deutschen Reichsbahn – und die saß in der DDR. Die

[Kiosk aus dem Jahr 1905 von Alfred Grenander]

[Das legendäre Kino »filmkunst 66« vor Abriss und Neubau]

S-Bahn galt als »DDR-Verkehrsmittel« und wurde im Westen geradezu boykottiert: Man wollte mit S-Bahnfahrten nicht »Ulbrichts Stacheldraht finanzieren«. Die DDR ihrerseits tat wenig, die S-Bahnhöfe in Westberlin in gutem Zustand zu erhalten. Erst seit 1984 wurde die S-Bahn in Westberlin nicht mehr von der Deutschen Reichsbahn der DDR betrieben, stillgelegte Linien und Bahnhöfe wurden wieder in Betrieb genommen.

Heute ist der Durchgang zur S-Bahn am Savignyplatz eine der lebendigsten Fußgängerpassagen in Berlin. Im Sommer muss der Eingang zwischen Cafés, Restaurants, Galerien, Läden und Passanten regelrecht entdeckt werden.

Kino und Kneipe Der Savignyplatz entwickelte sich Ende der 60er Jahre zu einer Kneipengegend mit viel studentischem Publikum. Die Technische Universität Berlin und die Hochschule der Künste liegen knapp fünf Minuten Fußweg entfernt. Kinos in der näheren Umgebung taten ein Übriges: das »Schlüter« in der Schlüterstraße, das »Delphi« in der Fasanenstraße, die »Filmbühne am

[Das »Florian« steht für variantenreiche deutsche Küche]

Steinplatz«, die schon seit den 20er Jahren in Betrieb ist, und »filmkunst 66« in der Bleibtreustraße.

Die Kinos zeigten Filme, die in kommerziellen Kinos entweder gar nicht oder nicht in Originalversion liefen. Es war eine Zeit, in der Filme des »Neuen deutschen Films«, mit Regisseuren wie den Berliner Brüdern Peter und Ulrich Schamoni oder Rainer Werner Fassbinder, das Lebensgefühl der aufbegehrenden Studenten der 60er und 70er Jahre trafen.

Am liebsten schaute man sich Filme in kleinen Kinos an, mit anschließendem Bier in den umliegenden Kneipen, wie »Café Filmbühne« oder »Café Bleibtreu« – und so wird es gerne heute noch gehalten. Auch wenn die großen Kinopaläste den kleinen Filmtheatern das Leben zunehmend schwer machen.

Gastronomische Wellenbäder Schon in den 70er Jahren schwappte über den Savignyplatz eine italienische Welle: Pizzerien eröffneten an der S-Bahn und verwandelten die breiten Gehwege des Savignyplatzes in eine sommerliche Piazza. Die Seitenstraßen wurden vom Erfolg der Pasta-Pioniere angesteckt: Noch heute häufen sich am Savignyplatz und in den Seitenstraßen italienische Restaurants wie sonst nirgends in Berlin.

Auch in Berlin rückten nach Restaurants der Urlaubsländer, aus denen die »Gastarbeiter« kamen, indische, asiatische und südamerikanische Restaurants nach.

Doch allen Wellen, die über den Savignyplatz hereinbrachen, trotzten über Jahre wie Felsen in der Brandung eine Handvoll Kneipen und Restaurants. Das »Florian«, mit deutscher Küche, zählt zu ihnen, das nach seiner Eröffnung 1982

[Tipp:]

Diener
Grolmanstr. 47
eine der ältesten Künstlerkneipen am Platz – benannt nach Franz Diener, Deutscher Boxmeister im Schwergewicht von 1927 – gutbürgerliche Berliner Küche mit pfälzischem Einschlag – viele Künstlerfotos – eine Fotowand ist Boxern gewidmet

schnell zu einem Treffpunkt der Filmbranche avancierte, mit internationalen Stars wie Catherine Deneuve auf der Gästeliste.

Doch auch Kneipen wie »Zwiebelfisch«, »Dicke Wirtin«, »Schwarzes Café«, »Cour Carrée« bis 2001, Weinrestaurant »Yves Risachèr« in der Kantstraße oder »Diener« zählen zu den Orten, an denen Generationen von Studenten Zusammenhänge zwischen politischen Großwetterlagen und durchziehenden Sturmtiefs diskutierten. Noch heute werden sie von so manchem in die Jahre gekommenen Thekendebattierer gerne besucht.

Künstler und Revoluzzer Manchen Kneipen haftet seit Jahrzehnten das etwas verstaubte Etikett »Künstlerlokal« an, das Vorstellungen von einer »Künstlermutter« assoziiert, die mittellosen Künstlern für eine überlassene Skizze eine heiße Suppe serviert und deswegen die Bude voll mit Intellektuellen und die Wände voller Kunst hat. Junge Künstler und Schauspieler treffen sich heutzutage nicht mehr in Stammkneipen, sondern flattern wie Nachtschwärmer spurenlos durch coole, von smarten Geschäftsführern geleitete Cafés und Sushi-Bars, ohne hinter Glas gerahmte Serviettenkritzeleien oder signierte Porträtfotos zu hinterlassen. Doch am Savignyplatz findet man noch eine Künstlerkneipe mit »Fototapete«.

Im »Diener«, nach dem Boxer Franz Diener benannt, der es in den 50er Jahren führte, schauen unzählige, mal lächelnde, mal dramatisch dreinblickende Schauspieler von ihren Autogrammkarten auf die Gäste.

Als das nahe gelegene Schillertheater noch Stars und Publikum anlockte, der Kurfürstendamm mit kleineren Theatern glänzte, Operngäste der Deutschen Oper nach Aufführungen nicht schick,

[Gewachsene Berliner Kneipenkultur in der »Dicken Wirtin«]

sondern gemütlich sitzen wollten, vergaßen im »Diener« Schauspieler und Publikum den trennenden Bühnenrand und kamen sich über die Tischkante näher.

Im »Zwiebelfisch«, wo die Wände mit Plakaten behängt sind, wurden weniger fotografische Erinnerungen hinterlassen als Legenden. Der junge Künstler Markus Lüpertz soll im Lokal eine Schlägerei angefangen haben; die Blödelbarden Insterburg & Co haben hier ihre Kalauer geschmiedet; Journalisten der gegenüberliegenden Nachrichtenagentur dpa sollen immer herübergekommen sein und bei ein paar Bieren den Puls der Revolution abgehorcht haben, denn die Demos vor dem Café Kranzler, bei denen Wasserwerfer anrückten, wurden im »Zwiebelfisch« so lange feucht nachgearbeitet, bis man alles wieder in trockenen Tüchern hatte.

Nicht nur die Künstler, Autoren und Kneipen lockten über Jahre Studenten an den Savignyplatz. In heruntergekommenen, aber großen Wohnungen konnten preisgünstig Wohngemeinschaften einziehen. Die damals geltende Mietpreisbindung ermöglichte es, herrschaftliche Beletagen langfristig günstig zu mieten. Selbst am Kurfürstendamm konnten Studenten noch billig wohnen. Nach der

[Die legendäre alte APO-Studenten-Kneipe »Zwiebelfisch«]

Wiedervereinigung kam die Ende 1987 aufgehobene Mietpreisbindung verstärkt zur Wirkung. Die Mietsteigerung und der prognostizierte Boom Berlins waren der lukrative Anreiz für viele Hausbesitzer ihre Wohnungen renovieren zu lassen. Mit Erhöhung der Mieten veränderte sich die Bewohnerschaft um den Savignyplatz: Studenten zogen aus und gut verdienende Akademiker ein.

Der Savignyplatz, höhnen manche, hat sich vom Feuchtbiotop der Studentenbewegung in einen Seniorentreff der Apo, der Außerparlamentarischen Opposition der 68er, verwandelt. Die Spötter übersehen, dass der Savignyplatz zwar zum Klassiker der Westberliner Zeit zwischen Studentenrevolte und Wiedervereinigung wurde, einer Epoche, die der Savignyplatz mit »Herz und Seele« verkörpert, aber er hat auch die neuen Zei-

[Tipp:]

Dicke Wirtin
Carmerstr. 9
alte Studenten- und Künstlerkneipe – Holzvertäfelung – seit Jahrzehnten dieselben Stammgäste – viele Eintöpfe – Berliner Küche nach Hausmacherart

ten der Bar-, Design-, Mode und Kunstkultur lässig und lebendig in sein besonderes Flair einfließen lassen.

Bummelanten sind willkommen Der Savignyplatz und seine Seitenstraßen gehören Flaneuren, die sich von Buchläden in Cafés treiben lassen, zwischen Galeriebesuchen in Geschäften ausgefallene Mode anschauen möchten, sich gerne in Antiquitätenläden verlieren, die Sammlerstücke vom Jugendstil über Art déco bis zu modernen Designklassikern aus Mailand anbieten. Seine gewachsene Urbanität, gelebt von ehemaligen Revoluzzern der Studentenbewegung und wohlhabenden Bürgern des »Establishments«, wie damals das Bürgertum tituliert wurde, bewahrt den Savignyplatz vor radikalen Veränderungen. Doch auf der Stelle tritt das Viertel um den Savignyplatz nicht, nur werden neue Ideen erst einmal längere Zeit beobachtet, bevor man sich auf sie einlässt. Es scheint, als ob im Vergleich zur hochfrisierten Geschwindigkeit im Stadtteil Mitte am Savignyplatz eine Drosselklappe in den Vergaser eingebaut worden wäre, gleichwohl kann von Stillstand keine Rede sein. Ein wohltuendes Laisser-faire umgibt den Platz, selbst die stark befahrene Kantstraße kann die Ruhe nicht stören. Und doch haben der Savignyplatz und seine Seitenstraßen eine innere Dynamik, die zur ständigen Erneuerung des Klassikers beiträgt, ohne seinen ureigenen Charakter zu verändern, den der bekannte »Berliner« Schauspieler Otto Sander – geb. 1941 in Hannover, erstes Engagement in Berlin 1968 – mit den Worten umschrieb: »Am Savignyplatz ist Berlin am berlinischsten«.

S-BHF. SAVIGNYPLATZ

In einem Bogen um die S-Bahn

Ein Spaziergang

In »hüben« und »drüben« wird der Savignyplatz von seinen Müßiggängern unterteilt, wobei die Kantstraße als heimliche Grenze gilt. Von »hüben« spricht die Gemeinde um die Szenekneipen »Zwiebelfisch« und »Dicke Wirtin«, für sie ist die S-Bahnseite des Platzes ein anderer Kiez. Tatsächlich gibt dort die Nähe zum Kurfürstendamm einen schnelleren Rhythmus als auf der anderen Seite vor, vielleicht weil die Straßen auf dieser Seite die beiden Achsen Kurfürstendamm und Kantstraße verbinden.

In den S-Bahnbögen Am Ausgang zur Bleibtreustraße des Bahnhofs »Savignyplatz« trifft man auf die Gasse Else-Ury-Bogen, der lebendigen Zugangspassage zum S-Bahnhof, in der Cafés, Restaurants, Galerien und Geschäfte dicht nebeneinander liegen. Städtisches Leben umfängt einen: Reisende eilen zur S-Bahn, in Straßencafés wird diskutiert oder Zeitung gelesen, modebewusste Menschen klappern Boutiquen nach Schnäppchen ab und in italienischen Restaurants wird die Pfeffermühle über heiße Tagliatelle gedreht.

In den Vitrinen der Schmuckwerkstatt »Treykorn«, gleich neben dem Restaurant »Zwölf Apostel«, kann internationales Schmuckdesign bestaunt werden. Seit über zehn Jahren zeigen die Goldschmiede Sabine und Andreas Treykorn in ihrer Galerie avantgardistischen Schmuck deutscher und internationaler Schmuckdesigner.

Gegenüber verbindet das Architekturforum »Aedes West« Architekturausstellungen der »Galerie Aedes« mit dem Genuss eines Cappuccinos im »Café Aedes«. Kristin Freireiss gründete zusammen mit Hans-Jürgen Commerell 1980 in drei nebeneinander liegenden S-Bahnbögen die Architekturgalerie »Aedes« und das

[Am Savignyplatz wurden die ersten S-Bahnbögen zu Läden ausgebaut]

»Café Aedes«. Seit 1995 ist Aedes auch mit einer Dependance »Aedes East« in den Hackeschen Höfen in Berlin-Mitte vertreten. Seit Jahren stellt das Architekturforum Aedes (aedes: lat. für Haus) Werkschauen internationaler Architekten aus und bringt sich in Berliner Architektur- und Stadtplanungsdebatten ein. Aedes-Publikationen, die über Fachbuchhandlungen im In- und Ausland bezogen werden können, sind international gefragt.

Auf dem Platz Wer statt eines Espressos in der schmalen Passage lieber die Weite eines Straßenrestaurants bevorzugt, braucht nur auf den Savignyplatz zu treten. Dort erblickt man als Erstes »La Piazza«, ein italienisches Restaurant, das den breiten Gehweg des Savignyplatzes ausnützt. Als guter Nachbar steht ihm das Ristorante »San Marino« in der Ausdehnung von Tischen und Stühlen auf dem Trottoir keine Nudelbreite nach. Vor über 20 Jahren waren beide Restaurants die ersten »Italiener« am Savignyplatz, so mancher Studienanfänger kam damals am Savignyplatz zum ersten Mal in den Genuss der italienischen Küche. Heute gehören »La Piazza« und Ristorante »San Marino« zu den »klassischen« italienischen Restaurants am Savignyplatz.

In zwei S-Bahnbögen, in denen eine Autowerkstatt beheimatet war, eröffnete 1980 Ruthild Spangenberg die Architektur- und Kunstbuchhandlung »Bücherbogen«. Sie war eine der Ersten in Berlin, die die architektonische Schönheit der Viadukte erkannte und in der Gestaltung ihres Geschäftes betonte. Was heute gang und gäbe ist entlang der S-Bahnstrecke durch das zentrale Berlin, erregte damals überregio-

[»La Piazza« zählt zu den ältesten italienischen Restaurants am Platz]

nales Aufsehen und kam einer Sensation gleich. Spangenbergs »Bücherbogen« gilt als eine der besten Fachbuchhandlungen für Architektur, Kunst und Design in Deutschland. Mehrere Filialen sind im Lauf der Zeit in Berlin entstanden, darunter eine auf Film, Bühne und Tanz spezialisierte Buchhandlung in einem S-Bahnbogen der nah gelegenen Savignypassage und ein modernes Antiquariat in der Knesebeckstraße, gleich hinter der S-Bahn.

Wer sich zum guten Buch die richtige Leselampe kaufen möchte, ist schon einen Bogen weiter bei »Arno« an der richtigen Adresse. Bereits in den 20er Jahren des 20. Jahrhunderts war Arno Krumpelt mit seinem Lampengeschäft Arno-Leuchten von der Grolmanstraße in die S-Bahnbögen am Savignyplatz gezogen. Seither wird – mit Axel Fuhrmann nun schon in der dritten Generation – unter der S-Bahn am Savignyplatz eines der bekanntesten Berliner Geschäfte für Beleuchtung und Designlampen betrieben. »Arno« stellt außerdem in einer Galerie hinter dem Stammhaus in der Otto-Ludwig-Straße avantgardistische Leuchten aus und mit »Arnonoa« wurde eine weitere »Lichtquelle« in der Kantstraße eröffnet.

[Internationale Ausstellungen in der Architekturgalerie »Aedes«]

Neben so viel Lichtdesign wirken die kleinen Rotlichter auf der gegenüberliegenden Straßenseite geradezu bescheiden. Die Frauen, die am großen Eingang des Gästehauses Sophia am Savignyplatz auf Freier warten, fallen den Bewohnern des Viertels schon gar nicht mehr auf, so sehr gehören sie zu dem gewohnten Bild am Platz. In der Nachbarschaft liegt das Etablissement »Pssst 2«. Der Name erinnert an das bekannte »Café Pssst!« von Felicitas Weigmann in Berlin-Wilmersdorf – doch handelt es sich am Savignyplatz lediglich um Nachahmer, die den Ruhm des »Café Pssst!« ausnutzen möchten. Denn die streitbare 43-jährige Felicitas Weigmann, Inhaberin und Prostituierte, konnte im Frühjahr 2001 einen vielbeachteten, sensationellen Richterspruch feiern, der die Schließung ihrer Bar »Café Pssst!« wieder aufhob, weil, so Richter Percy MacLean vom Verwaltungsgericht Berlin, in heutiger Zeit Prostitution nicht mehr als »sittenwidrig« anzusehen wäre. Wie auch immer in Zukunft die Bar am Savignyplatz heißen wird, die Mädchen vor dem großen Eingangstor gehören zur Tradition am Platz und werden sicher bleiben.

[Designerlampen im Leuchtengeschäft »Arno«]

Am »Tattersall des Westens« Nach Unterquerung der S-Bahn fällt auf der linken Straßenseite ein schönes Haus mit Backsteinverzierungen auf, das als »Tattersall des Westens« bekannt ist. Das denkmalgeschützte Haus wurde 1900 von dem Architektenduo Ziechmann und Mittag als Teil einer Reitschule erbaut, deren Stallungen man in den 50er Jahren abriss.

Ein Torbogen des »Tattersalls«, in Höhe eines Pferds mit Reiter, führt in die »Savignypassage«, wie die Gasse Jeanne-Mammen-Bogen auch genannt wird, die Grolmanstraße und Uhlandstraße verbindet.

Die Läden und Kneipen, die sich in den Bögen eingemietet haben, machen die Savignypassage zu einem multikulturellen Gässchen.

Die Buchhandlung »Bücherbogen am Tattersall« hat sich auf Bücher und Bildbände über Film, Theater, Oper, Ballett und Tanztheater spezialisiert.

Im nächsten Bogen schwimmen im »Sachiko Sushi« auf der Theke Holzschiffchen im Kreis, vollbeladen mit appetitlichen japanischen »Rohstoffen«.

[Neonbögen in der Buchhandlung »Bücherbogen«]

In einem weiteren Bogen nützt »Carpe Diem« jeden Tag, um in einen Berliner S-Bahnbogen mit spanischen Tapas andalusische Genussfreude zu bringen.

Die Gaststätte der Reitschule »Tattersall des Westens« übernahm nach dem Krieg das ehemalige Box-Idol Franz Diener, dessen Schlagkraft in den 20er Jahren gefürchtet war. Er hat das nach ihm benannte »Diener« zwar nach ein paar Jahren wieder abgegeben, doch machte er es in kurzer Zeit zu einem beliebten Treff von Boxern, Sportjournalisten, Künstlern und Literaten. Seit 1969 wird das »Diener« von Rolf Honold und Lilo Wirthwein geführt, zwei ehemaligen Gästen, die den Ruf des »Diener« als gemütliche Promi-Kneipe aufrechterhalten konnten.

Franz Diener war einer der großen Boxer Deutschlands. Der Deutsche Schwergewichtsmeister verlor im Sportpalast Berlin am 4. April 1928 nach 15 Runden seinen Titel an den jungen Boxer Max Schmeling. Vom Rauch vergilbt, erinnert hinter der Theke des »Diener« ein Wandgemälde an Kämpfe von Franz Diener, natürlich nur an seine siegreichen. Außerdem gibt es Hunderte von Schauspielerfotos zu sehen, die von der Beliebtheit dieses Lokals bei Künstlern zeugen und zu einer Entdeckungsreise in die Film- und Theatergeschichte Berlins einladen.

Wer einem Schauspieler von heute begegnen möchte, muss nur die Straße überqueren und in das griechische Restaurant »Terzo Mondo« gehen, das zu den »Dreißigjährigen« am Savignyplatz zählt. Dort greift schon mal der wuschelig-grauhaarige »Lindenstraßenwirt« Kostas Papanastasiou aus der Fernsehserie »Lindenstraße« zur Gitarre und singt ein grie-

[Trophäensammlung in der Boxerkneipe »Diener«]

chisches Lied aus ferner Zeit, als der Exilgrieche in Berlin strandete und als echter Wirt das »Terzo Mondo« eröffnete. Das seit Jahren unverändert erscheinende Lokal, mit von der Decke hängenden Papierfliegerchen, verkörpert seit Jahrzehnten ein Stück griechische Heimat für in Berlin lebende Griechen.

Gegenüber der ehemaligen Boxerkneipe »Diener« leuchtet im Schaufenster von »Rocky´s Inn« schon tagsüber »open«, obwohl die kleine Bar viel eher zum Nachtleben eines Kiezes passen würde. Ralf Rocchigiani, Boxweltmeister 1985 und 1989 der Gewichtsklasse Cruiser, Trainer seines Bruders und Boxweltmeisters im Halbschwergewicht Graciano Rocchigiani, hat mit »Rocky´s Inn« eine echte Boxerkneipe eingerichtet: Die Wände der Eckkneipe hängen voll mit Fotos seiner berühmtesten Kämpfe, zeigen den Fighter nach gewonnen Kämpfen mit blauen, aber glücklichen Augen, schöne Frauen schmücken harte Kerle, Bruder Graciano lächelt im smarten Maßanzug,

[Die Savignypassage]

[Tipp:]

Art déco
Grolmanstr. 51
Originale von 1920 bis 1940 – Möbel, Lampen und Accessoires – Schreibtische – Clubsessel – Hausbars – Schaufensterpuppen in Art déco

[Tipp:]

Berliner Zinnfiguren
Knesebeckstr. 88
lange Kerls in Taschenformat – Armeen in Zinn – Friedrich der Große ganz klein – historische Bücher über Zinnfiguren und ihre historischen Models

Boxhandschuhe und Ringseile schmücken die Sitznischen. In jeder Ringecke hängt ein Fernsehapparat und zeigt bewegte Bilder von Boxkämpfen. Die Übertragungen sind im schummerigen Ring gut zu verfolgen, stundenlang kann der durstige Boxfan vor den Bildschirmen mitfiebern – nur trainierte Passivsportler können dies durchhalten.

Rüber in die Knesebeckstraße Nach dem Dämmerlicht von »Rocky´s Inn« scheinen die Lampen im Showroom des Beleuchtungsgeschäftes »Arno« an der kurzen Querverbindung zur Knesebeckstraße um so heller zu strahlen. Im Teil der Knesebeckstraße zum Kurfürstendamm, den der »harte Kern« des Savignyplatzes schon zum Kurfürstendamm zählt, setzt sich dennoch »Savignyplatz-Kultur« fort.

Den Anfang machen »The Unknown Friends«, ein Friseursalon, der in den 80er Jahren von drei in der Friseurszene unbekannten Freunden gegründet wurde und heute mit charmant anmutender cooler Einrichtung aus jener Zeit zum individuellen Haircut-Consulting einlädt. Wer Wartezeit vertreiben möchte, kann mit den zwei betriebseigenen Hunden spielen, die wie die Paschas träge auf dem Boden liegen und die Kunden mustern.

Eine geistigere Möglichkeit des Zeitvertreibs bieten auf derselben Straßenseite die zwei Buchläden »Buchantiquariat Bücherbogen«, ein Ableger

[»Africa Art Gallery«]

[Unter den Brücken der S-Bahn]

von »Bücherbogen« am Savignyplatz, und »Marga Schoeller Bücherstube«, die zusätzlich zu ihrem großen Angebot an Literatur Abteilungen für Filmliteratur und englischsprachige Bücher eingerichtet hat.

Interkontinentale kunsthandwerkliche Vergleiche ermöglichen »Africa Art Gallery«, die mit einer großen, holzgeschnitzten Frauenfigur aus Afrika auf sich aufmerksam macht, und das »Keramikatelier Baasner-Matussek« mit eigener Töpferwerkstatt.

Auf anderen Kunstebenen des Schöpferischen bewegen sich »Fine Art Rafael Vostell«, geleitet vom Sohn des Fluxus-Künstlers Wolf Vostell (1932–1998), und »Hartmann & Noé«, die zu den bekannten Westgalerien zeitgenössischer Kunst zählen.

Am Haus mit Adresse Knesebeckstr. 32 informiert eine Gedenktafel über den österreichischen Komponisten Emil Nikolaus Joseph Frhr. von Reznicek (1860–1945), der hier wohnte.

[Tipp:]

Paint your Style
Bleibtreustr. 46
Geschirr und Vasen selbst bemalen – künstlerische Fliesen und Namenschilder – wie bemalt, so gebrannt!

Reznicek wirkte von 1909 bis 1911 an der Komischen Oper, unterrichtete ab 1920 an der Hochschule für Musik und war Mitglied in der Preußischen Akademie der Künste. Neben Sinfonien und Suiten komponierte Reznicek Opern, zu den bekanntesten zählen »Donna Diana« (1894) und »Ritter Blaubart« (1920).

Über die Bleibtreustraße zurück zum Savignyplatz Die nächste Abzweigung ist die Mommsenstraße, sie verbindet die Knesebeck- mit der parallelen Bleibtreustraße. Auch in der Mommsenstraße reihen sich kleine Geschäfte und Imbisse aneinander. Cafés und Restaurants findet man an der Ecke Bleibtreustraße, über die man zurück an den Savignyplatz kommt.

Den Reigen in der Bleibtreustraße eröffnet ein französisches Restaurant mit dem eigenartigen Namen »Reste Fidèle«, doch aufkommende Befürchtungen, dass in der Küche »lustig Reste« verarbeitet würden, sind wirklich unbegründet, der Wirt Ivan Vranjes hat lediglichen den Namen »Bleibtreu« ins Französische übersetzt. Das »Reste Fidèle« lockt seit Jahren alles, was Rang und Namen hat, in seine mit großen Blumenbouquets geschmückten, bordeauxroten Speisekammern, um mit französischem Charme und gutem Essen zu verwöhnen.

Wie man sich erinnert, liegt Spanien bei Frankreich – und genauso verhält es sich in der Bleibtreustraße. In Nachbarschaft zu »Reste Fidèle« können Spanienurlauber im Restaurante Español »Don Quijote« ihre erworbenen Kenntnisse spanischer Tapas auffrischen. Doch Spanien hat nicht nur kleine Happen zu bieten: Eine vielseitige Auswahl »platos tipicos« ermöglicht eine Schlemmer-

[Walter Benjamin ging in die ehemalige Kaiser-Friedrich-Schule]

fahrt durch die Welt der kulinarischen Köstlichkeiten der Iberischen Halbinsel.

Nach mediterranem Genuss kommen nach wenigen Metern Freunde der Art déco auf ihre Kosten. Mit auserlesenen Möbeln im Schaufenster macht das auf diese Stilrichtung spezialisierte Geschäft »Astoria« auf sich aufmerksam.

Im Haus Bleibtreustr. 42, das 1898 erbaut wurde, wohnte von 1900 bis 1902 der österreichische Schauspieler, Regisseur und Leiter des Deutschen Theaters Max Reinhardt (1873–1943), bevor er in die Fontanestraße im Stadtteil Grunewald umzog.

Am Eingang zu einem Schulkomplex versperren in der Bleibtreustr. 43 zweckmäßige Nachkriegsbauten den Blick auf die ehemalige Kaiser-Friedrich-Schule. In dem wunderschönen, aus Ziegeln erbauten Schulgebäude aus dem Jahr 1900, eher einem Schloss als einer Schule ähnlich, ging von 1902 bis 1905 der Schriftsteller Walter Benjamin zur Schule.

Auf der gegenüberliegenden Straßenseite fällt mit Adresse Bleibtreustr. 15 ein großes, beeindruckendes Wohnhaus ins Auge,

[Art déco wie in alten Filmen im »Astoria«]

das 1903 errichtet wurde. In ihm wohnte bis zu ihrem Tod 1971 die berühmte deutsche Schauspielerin Tilla Durieux. Eine Gedenktafel erinnert an sie.

Auf Höhe der Niebuhrstraße folgt das Restaurant-Café »Bleibtreu«, in dem jahrelang Besucher des gegenüberliegenden Kinos »Filmkunst 66« – das Original gibt es nicht mehr, sondern seit 1994 ist das Nachfolgekino in einem Neubau untergebracht – den gerade gesehenen Film bei einem Glas Bier ausklingen ließen. »Das Bleibtreu gibt es schon ewig«, sagen Charlottenburger Kinofans, was heißt, dass sie schon als Studenten einen Kinobesuch im »Filmkunst 66« mit einem anschließenden »Sit-in« im »Bleibtreu« verbanden.

Neben dem »Café Bleibtreu« wecken lebensgroße Figuren, die an entfernte Verwandte von James Dean und Louis Armstrong erinnern, die Neugierde des Passanten. In den Nachwehen der verrückten Hippie- und Psychedeliczeit eröffnete Irene Schweitzer Ende der 70er Jahre den schrägsten Klamottenladen Berlins: das »Kaufhaus Schrill«. Der Laden gleicht einem skurrilen Theaterfundus, in dem eine riesige Auswahl an knalligen, kitschigen und

[In »Paint your Style« kann jeder zum Keramikmaler werden]

eigentlich »untragbaren« Jacken, Hosen, Hemden, Krawatten, Perlenketten, Federboas, Abendkleidern und Petticoats an der Stange schillern oder in Vitrinen glitzern. Eine Party im 50er-, 60er- oder 70er-Jahre-Look? In engem Leopardenkostüm, funkelndem Palettenkleid oder Rock´n Roll-Outfit? Im »Kaufhaus Schrill« wird man sicher fündig, dafür wirbt der Slogan: »Dressed to kill im Kaufhaus Schrill«.

Weniger schrill, aber auch sehr ungewöhnlich ist »Paint your Style« einige Häuser weiter: Hobbykünstler können hier aus einer breiten Palette von Geschirr, Kacheln und Vasen wählen und ihr gutes Stück dann selbst bemalen. »Paint Your Style« brennt die Keramik danach im eigenen Ofen und zwei Tage später können die Kunstwerke abgeholt werden. Ein spannender Moment, denn die Farben verändern sich durch das Brennen, Verzeichnungen treten manchmal deutlicher hervor. Zum Glück gibt es Polterabende – falls das Ergebnis nicht befriedigend ausgefallen sein sollte.

Filmfans können im Café-Restaurant »Lubitsch« bei einem »Martini gerührt, nicht geschüttelt« oder einer Tasse Cappuccino darüber sinnieren, welche Filme der deutsch-amerikanische Regis-

[Straßencafés prägen das Bild in den Seitenstraßen um den Savignyplatz]

[Am »Zillemarkt« lebt das alte Berlin]

seur Ernst Lubitsch (1892–1947) auf Zelluloid bannte. Lubitsch, in Berlin geboren und 1923 in die USA ausgewandert, drehte bekannte Filmklassiker wie »Ninotschka« mit Greta Garbo. Der erste Tonfilm (1929) des deutsch-amerikanischen Regisseurs war eine Filmoperette und hieß »The Love Parade«. Nicht nur Art déco gab es schon einmal in Berlin!

Vor der S-Bahnbrücke hat sich in einem Hof die Gaststätte »Zillemarkt« niedergelassen. Wer den Namen des Berliner Zeichners und Fotografen Heinrich Zille (1858–1929) führt, der liebevoll das Berliner Leben festhielt, bietet im Allgemeinen traditionelle Alt-Berliner Küche an. Auch im mit alten Möbeln und Bildern eingerichteten »Zillemarkt« füllt »Eisbein« und »Leber mit Zwiebeln« die Teller bis zum Rand. Von einem Wandgemälde beobachtet unser lieber Kaiser Wilhelm mit etwas strengem, aber gleichzeitig auch gütigem Blick neidvoll die Gäste, die sich die dampfenden Köstlichkeiten munden lassen.

Vielleicht wäre auch die jüdische Schrifstellerin Mascha Kaléko (1912–1975) ab und zu auf einen Sprung über die Straße gekommen. Kaléko wechselte in Berlin öfter ihren Wohnsitz, doch wohn-

[Toskanische Landgasthof-Idylle im »Zwölf Apostel«]

te sie eine Zeit lang in der Bleibtreustr. 10/11. Aus der Emigration in die USA (1938) schrieb sie 1945 das Gedicht »Minetta Street«, in dessen erste Strophe sie sich an den Savignyplatz erinnert:

»Ich bin vor jenen ›tausend Jahren‹,
Viel in der Welt herumgefahren.
Schön war die Fremde; doch Ersatz.
Mein Heimweh hieß Savignyplatz.«

Hinter der S-Bahn zweigt nach rechts die Gasse zum Eingang des S-Bahnhofs »Savignyplatz« ab und beschließt den kleinen Spaziergang. Wer bis hierher gekommen ist, ohne unterwegs eingekehrt zu sein, dem empfiehlt sich jetzt eine Rast. In der ganzen Welt wird die Gastfreundschaft der Italiener gerühmt, also bietet sich ein Besuch im »Zwölf Apostel« an. Sommers sind die Tische des farbig ausgemalten italienischen Restaurants bis auf den letzten Platz besetzt, sein Wintergarten verwandelt sich mit geöffnetem Dach in einen beliebten Sommergarten, in dem sich die vielfältige »cucina italiana« wie auf einem toskanischen Gutshof genießen lässt – gegenüber der Berliner S-Bahn.

Lichtha

Im Zickzackkurs durch Seitenstraßen

Ein zweiter Spaziergang

Wie drei gespreizte Finger führen Grolman-, Knesebeck- und Carmerstraße auf der S-Bahn-freien Seite des Savignyplatzes in Richtung Universität. Für einen Spaziergang durch diesen Kiez wendet man sich am Ausgang des S-Bahnhofs »Savignyplatz« in der Fußgängerpassage am besten nach links, dann wieder nach rechts in die Bleibtreustraße.

Bis zur Kantstraße lassen schon zahlreiche Schaufenster von Antiquitätenhändlern, Modeboutiquen und Designläden die Schritte verlangsamen. Unter ihnen stellt das Möbelgeschäft »Kantstraße 143« mit einem kleinen Laden im Erdgeschoss bescheiden sein Licht unter den Scheffel, denn im Obergeschoss öffnet sich ein großes Labyrinth von Ausstellungsräumen, die von Designmöbeln und Kunst nur so überquellen.

Nach wenigen Metern kreuzt die breite Kantstraße, die den Savignyplatz in zwei unterschiedliche Hälften zu teilen scheint. Hat man sie überquert, betritt man quasi ein anderes, ruhigeres Stadtviertel.

Bis zur Pestalozzistraße Das kleine Stück der Bleibtreustraße zwischen Kant- und Pestalozzistraße bietet für Neugierige immer wieder Anreize die Straßenseite zu wechseln.

Hier haben einige neue Berliner Modelabels ihre Ateliers eingerichtet und Läden eröffnet, die sich wachsender Beliebtheit erfreuen. Meist wurde im Hinterzimmer entworfen und genäht, was vorne im Laden zum Verkauf angeboten wird.

So auch im Hutatelier »Chapeaux« der Modistin Andrea Curti. In ihrem farbenfrohen Geschäft schmücken eigenwillige Hutkreationen die Wände, die in der Werkstatt zum Hof hergestellt werden. Kleinen Kunstwerken gleich, laden sie zum Bestaunen und Anpro-

[Das »Stilwerk« ist das größte Designkaufhaus in Berlin]

bieren ein. Klassische Hüte aus edlem Filz und, wie Panamahüte, aus Stroh vervollständigen das breite Spektrum guter handgefertigter »Behütung«.

Gegenüber sind gleich zwei fleißige Modedesignerinnen am Werk. »Nanna Kuckuck« und »Friederike Fiebelkorn« entwerfen, nähen und zeigen in ihrem gemeinsamen Atelier exklusive Abendkleid- und Brautmode. Inspirationen aus fremden Ländern setzt Nanna Kuckuck mit schillernden Stoffen aus Indien und Asien in exotischen Entwürfen auf tragbare europäische Mode um. Dagegen bleibt Friederike Fiebelkorn bei weißer Brautmode, aber anders als gewohnt, mit einer völlig eigenen Linie, die ihren eleganten Reiz aus einer gekonnten Einfachheit bezieht.

Ein zielsicheres Publikum steuert den »Prinz Eisenherz Buchladen« an, der schon seit über 20 Jahren Homosexuelle mit Literatur versorgt. Voll im neuen Westtrend liegen in der Bleibtreustraße »Galerie Beck + Priess«, »Bleibtreu Galerie« und »Galerie Kienzle + Gmeiner«. Nach kurzem Intermezzo in Berlin-Mitte bezog 1998 die »Galerie Gmeiner + Kienzle«, eine Kooperation der Stuttgarter Galeristin Annette Gmeiner mit dem Berliner Galeristen Jochen Kienzle, ihre Galerieräume in der Bleibtreustraße. Auf der gegenüberliegenden Straßenseite sind die »Galerie Beck + Priess«, Geschäftsführerin Cornelia Priess ist auch City-Managerin der AG City e.V., und die »Bleibtreu Galerie« eingezogen, die von der Tschechin Ljuba Berankova geleitet wird. Das kurze Stück der Bleibtreustraße zwischen Kant- und Pestalozzistraße wurde zu einem Geheimtipp für Freunde zeitgenössischer Malerei, Skulptur sowie Konzept- und Medienkunst.

[Südländische Lebensart]

[Tipp:]

A–Trane
Bleibtreustr. 1
Eingang Ecke Pestalozzistraße – Jazzkneipe – internationale Jazzbands – jazzige Atmosphäre – Treffpunkt für Jazzer und Jazzfreaks

Kunstwerke ganz eigener Art werden bei »Thonet Antik« restauriert und aufgearbeitet: alte Bugholzstühle, vorzugsweise die berühmten Exemplare der Firma Thonet. Wiener Kaffeehaus-Stühle von Thonet, mit gebogener Holzlehne, Sitz und Rücken aus Rohrgeflecht, gingen in die Designgeschichte ein und werden im Museum of Modern Art in New York ausgestellt. Die weite Reise über den Ozean kann man sich sparen und gleich in die Bleibtreustraße gehen, denn im Laden »Thonet Antik« von Ulrich Fries hängen die Wände voll mit den Stuhl-Klassikern aus gebogenem Buchenholz. Der Hamburger kam zum Architekturstudium in den 70er Jahren nach Berlin, fing an, Thonet-Stühle für Freunde zu restaurieren, dann selbst zu sammeln – und hängte seinen Beruf als Architekt an den Nagel. Inzwischen ist er Gutachter für Bugholzstühle geworden, was ihn aber nicht daran hindern kann, selbst noch Hand anzulegen. Mit großer Geduld und handwerklichem Geschick werden Flechtwerk und Festigkeit der alten, zeitlosen Schönheiten wiederhergestellt. Dann verwandelt sich bei trockenem Wetter der Gehweg in eine Tischlerei, Passanten bleiben stehen und schauen bewundernd zu, nicht ohne einen Plausch mit dem »Meister« zu halten.

An der Mündung der Bleibtreu- in die Pestalozzistraße trifft sich im Jazzclub »A-Trane« eine Spezies, die schon als ausgestorben galt: die Jazzfans. Doch es gibt sie noch – und im

[Jazzlokal »A-Trane«]

[Italienische Dekoration in der »Trattoria Totó«]

»A-Trane« haben sie eine ihrer besten Futterstellen in Berlin gefunden. Gute Bands und regelmäßige Konzerte haben das Lokal zu einer festen Größe der Berliner Jazzszene werden lassen.

Auf der anderen Straßenseite beginnt mit der italienischen »Trattoria Totó«, benannt nach dem Filmkomiker Totó, eine Reihe von Restaurants und Geschäften, die sich an der Grolmanstraße fortsetzt.

Kleines Zentrum Grolmanstraße Eine zentrale Rolle spielt die Kreuzung Pestalozzi-/Grolmanstraße. Es scheint, als sei hier ein kleines Zentrum entstanden: Im Sommer gehen die Straßencafés nahtlos ineinander über. Das mexikanische Restaurant »Tres Pesos« hat die Straßenecke für sich reklamiert. Freunden von Tex-Mex-Food gehen im »Tres Pesos« die Herzen auf: Guacamole, Nachos, Mex Wings oder Taco Turkey Bowl klingen für sie wie Musik einer mexikanischen Fiesta.

Dem »Tres Pesos« schließt sich mit weit ausladender blauer Markise das mit langen Holztischen und karierten Tischdecken

[Die Abendgesellschaft trifft sich im Restaurant »Florian«]

[Tipp:]

Mode-Designerinnen Nanna Kuckuck, Friederike Fiebelkorn
Bleibtreustr. 4
innovatives Mode-Duo – zwei Labels unter einem Dach – hinten Nähstube, vorne Laden – neuer Berliner Stil für Feste und Bälle

im »lombardischen Landhausstil« eingerichtete italienische Restaurant »Novecento« an. Speisen aus der »Cucina Lombarda«, wie Osso Buco mit Polenta oder Gnocchi mit Steinpilzen, sind die Spezialität des »Novecento«.

Gegenüber genießen die Gäste von Bistro »Haffar« bei einem Café au lait, bei »süßen« oder »salzigen« Crêpes oder einem Cocktail das abendliche Sonnenlicht.

Die Richtung zurück zum Savignyplatz weist das »Café Savigny«. Unspektakulär eingerichtet mit einem kleinen Straßencafé, wurde es zu einem beliebten kleinen Café in der Grolmanstraße, in dem bei Kaffee und Kuchen in aller Ruhe in der Zeitung geblättert werden kann. Sonntags locken die frisch zubereiteten Erdbeer- und Blaubeerbuchteln (österreichische Hefeklöße) mit Vanillesauce und Fruchtmark zu einem süßen Frühstück.

Nebenan eröffneten Gerti Hofmann und Ute Gilow, zwei Fränkinnen, 1982 das Restaurant »Florian«. Lust und Freude am Kochen waren die Beweggründe. Neben fränkischer Küche erweiterte sich

das Angebot des »Florian« experimentierfreudig zu »deutscher Küche mit Variationen«, wobei alpenländische und österreichische Gerichte gerne mit aufgenommen werden. Speisen wie Wiener Stelzen mit Kümmeljus oder Süß-Saure Nierchen mit Kartoffelpüree und Salat locken Liebhaber guter Hausmannskost an. Vor allem die Filmszene hat das »Florian« schon lange als »ihr« Restaurant entdeckt.

Die Nachbarschaft des »Florian« kommt einem spanisch vor: Das mit rohen Ziegelwänden und hölzernen Tischen an eine spanische Tasca erinnernde Restaurant »Tapas« macht seinem Namen alle Ehre, rund hundert verschiedene Tapas stehen auf der Karte. Schon beim Lesen läuft dem Spanien-Fan bei Pulpo a la Gallega, Albondigas de Bacalao, Merluza al Sidra oder Tortilla de Patatas das Wasser im Munde zusammen. Doch was wäre eine Tapas-Bar ohne die lange Glasvitrine auf der Theke, in der leckere »Tapas de Vitrina« ins Auge springen, wie Aceitunas, Boquerones, Salpicón, Chocos fritos oder Ensaladilla. Natürlich darf der berühmte spanische Schinken Jamón Serrano von der Pata Negra nicht fehlen, der Keule des schwarzen iberischen Schweins.

An der belebten Ecke setzt sich der Modetrend fort, der in der Bleibtreustraße seinen Anfang nahm. »Haven Design Mode«, noch in der Pestalozzistraße, bildet den Link zur Fortsetzung der Modelinie in der Grolmanstraße, wo sich mit »Evento Modedesign« von Christine Breuer und »Evelin Brandt Mode« weitere bekannte Berliner Modelabels niedergelassen haben.

Der »Zwiebelfisch« Wo der Savignyplatz beginnt, leuchtet von weitem wie ein Fixstern der Schriftzug der Kneipe »Zwiebel-

[Für Schriftsetzer ist das »b« im »Zwiebelfisch« der echte »Zwiebelfisch«]

fisch«. Schon 1969 eröffnet, erinnern sich heute viele Akademiker im gesetzten Alter an ziemlich lange, feuchte und debattenreiche Nächte im »Zwiebelfisch«, an Treffen vor und nach Demonstrationen, deren Schauplatz fast immer der Ku´damm war. Aber auch so manche zarte, oft nur kurze Bande wurde im »Zwiebelfisch« geknüpft, immerhin galt die Parole: Wer zweimal mit derselben pennt, gehört schon zum Establishment. Doch einige setzten sich über dieses ungeschriebene Gesetz hinweg, blieben ein Paar und so lange in der Wohngemeinschaft am Savignyplatz, bis die anderen auszogen und sie die Wohnung alleine hatten. Etwas älter geworden, kennen sich die Gäste des »Zwiebelfisch« schon lange, eben noch von damals. Was ist nun dran an der berühmten Kneipe, deren Wände mit Kunst- und Veranstaltungsplakaten behängt ist, wie früher, als ein Poster an der WG-Wand noch als Alternative zum Ölgemälde im elterlichen Wohnzimmer angesehen wurde, oder mit dem Musikarchiv hinter der Theke, das trotz CD-Zeitalters hauptsächlich aus Musikkassetten besteht, weil auf ihnen die guten alten Titel gespeichert sind? Heute ist der »Zwiebelfisch« ganz einfach eine lockere Kiezkneipe, in der eine freundliche Bedienung ein frisch gezapftes Bier auf die Stehtische stellt, ein

[Schaufenster-Event im »Evento«]

gutbürgerliches Essen serviert, wobei WG-Erinnerungen wie z.B. »Chili con Carne« nicht fehlen dürfen, und in lauen Sommernächten im Straßencafé darüber nachgedacht werden kann, ob »Zwiebelfisch« a) gebratener Fisch mit Zwiebeln ist, b) eine Zeitschrift für Kunst und Kultur so hieß, die 1909 zum ersten Mal erschien, c) ein falscher Buchstabe im Setzkasten so bezeichnet wird, oder d) lediglich eine Kneipe in Berlin mit diesem Namen berühmt wurde.

»Romanische« Knesebeckstraße In der Knesebeckstraße, gleich um die »runde Ecke«, fiel jahrelang das erste Haus auf der rechten Straßenseite auf. Romantisch rankten sich Kletterpflanzen an der Wand empor, deren Wuchs über Jahre so gelenkt wurde, dass sie die lauschigen Gartenterrassen von »Cour Carrée« und »Gainsbourg« mit einem dichten grünen Laubdach überdeckten. Das »Cour Carrée« gehörte wie der »Zwiebelfisch« zu einer Generation von Kneipen, die vor der Wiedervereinigung in Westberlin zu den traditionellen Wasserlöchern zählten, die von durstigen Stadtnomaden aufgesucht wurden. Doch 2001 machte eine Säge mit der Romantik Schluss und das Laubdach fiel. Das alte Lokal wurde entkernt und sollte wieder völlig neu mit einem modernen Konzept eingerichtet werden.

Eine überwucherte Terrasse ist nur noch der leicht abgeblätterten Cocktailbar »Gainsbourg« geblieben, die nicht ahnen lässt, dass ihre Barkeeper erst vor ein paar Jahren, also mitten in der Eröffnungswelle neuer Designbars, in der nach dem französischen Chansonnier Serge Gainsbourg benannten Bar zum ersten Mal »geshakert« haben. Das »Gainsbourg« tut so, als ob es schon Jahrzehnte auf dem Buckel hätte und schafft es mit Charme und guten Drinks, dass man ihm die kleine Lüge überhaupt nicht übel nimmt.

Leider wurde nach ihrer Zerstörung die spitze Häuserecke zwischen Grolman- und Knese-

[Tipp:]

Chapeaux
Bleibtreustr. 52
Hutatelier – Maßhüte – nur eigene Kreationen – für Damen und Herren – originelle künstlerische Hüte – schöne Ladeneinrichtung – freundliche Beratung – Hutentwürfe nach Typ

beckstraße im sparsamen Stil der 50er Jahre aufgebaut und nicht mehr geschlossen. Lange Zeit füllte die Lücke eine Tankstelle, nach ihrem Abriss entstand an der Stelle ein Parkplatz. Und nebenan eröffnete später das italienische Restaurant »Schell«, das sich aus juristischen Gründen nicht wie der bekannte Benzinlieferant der früheren Tankstelle schreiben darf, obwohl er Namensgeber war.

Wer auch gerne Italienisches liest, sollte die »Romanische Buchhandlung« besuchen. Neben italienischsprachigen Publikationen gibt es Bücher in Französisch, Spanisch, Portugiesisch und Katalanisch. Die »Romanische Buchhandlung« ist seit Jahren ein Eldorado für literarische Entdeckungsreisen in Länder und Kulturen, in denen diese romanischen Sprachen gesprochen werden.

Italienische Sprachkenntnisse können in der Knesebeckstraße auch im Restaurant »Brunello«, nur ein paar Meter nach der »Romanischen Buchhandlung«, beim Studieren der umfangreichen Speise- und Weinkarte aufgefrischt werden. Das »Brunello« ist nach dem berühmten toskanischen Wein Brunello di Montalcino benannt, der natürlich zu den »Spezialitäten« des Restaurants zählt. Ein originales Fischerboot dient als Theke für die zahlreichen Antipasti und täglich frischen Fische, die neben Fleisch- und Nudelgerichten in dem einfach eingerichteten, aber behaglichen Restaurant angeboten werden.

Die Frankophilen wechseln nun die Straßenseite, sie zieht es ins »Le Canard«, ein kleines französisches Restaurant. Um des Französisch Unkundigen einen Hinweis auf die deutsche Bedeutung des

[Bar Américain »Gainsbourg« unterm Laubdach]

Restaurantnamens zu geben, begrüßt auf dem Tresen eine Ente aus Keramik den Gast. Der französische Chef des Hauses, Mahmouo Zarrauk, bietet vielfältige französische Küche an, bei der natürlich Ente vom Ofen mit Orangensauce, Gemüse und Kartoffeln nicht fehlen darf.

Auch wenn die französische und italienische Küche unschlagbar sind: Kulinarisch kommt man auch im Süden Deutschlands auf seine Kosten. Das »Rosalinde« in der Knesebeckstraße gilt seit Jahren als gute Adresse für Spezialitäten aus dem bayerischen Regierungsbezirk Schwaben, was neben bayerischen Klassikern, wie z.B. Schweinsbraten mit Semmelnknödeln, auch zu einer großen Auswahl an schwäbischen Maultaschen geführt hat.

Doch nicht nur für das leibliche Wohl ist in der Knesebeckstraße gesorgt, auch für das äußerliche Wohlbefinden hängt ein abwechslungsreiches Angebot in kleinen Boutiquen auf der Stange.

In »La Gioia« kann ausgefallene Mode von Designerinnen entdeckt werden. Eine besondere Masche pflegt Monika Dallwitz, die in »Monika Dallwitz Strick Avantgarde« im rückwärtigen Atelier die Strickmaschinen rattern lässt und gleich vorne im Laden ihre extravagante Strickmode anbietet. Das passende Täschchen zum neuen Outfit kann in der »Anni Venti Boutique« ausgesucht werden, wo es

[Das Wappentier des »Le Canard« wacht auf der Zapfsäule]

exklusive Ledertaschen und Accessoires in breiter Auswahl gibt. Der Schuhladen »Bar Fuss oder Lack Schuh« zog in Berlin-Mitte seit etlicher Zeit die Aufmerksamkeit auf sich, seit kurzem fällt der witzige Name für ein Schuhgeschäft auch am Savignyplatz auf. In der Knesebeckstraße wurde eine Filiale von »Bar Fuss oder Lack Schuh« eröffnet, die auch hier in der hype-beruhigten Stadtzone mit ihren spacigen Schuhmodellen schnell Fuß fassen konnte.

In die Stiefel brachte das Militär junge Rekruten, die modellhaft als kleine, bemalte Zinnfiguren von älteren Herren bei Sandkastenspielen gegen imaginäre Feinde in die Schlacht geführt wurden. Heute sind Zinnsoldaten beliebte Sammlerobjekte. Das kleine Geschäft »Berliner Zinnfiguren & Preußisches Bücherkabinett« ist seit Jahrzehnten führend in der Aufstellung von Miniaturkompanien. Es ist ein militärischer Klassiker in der Knesebeckstraße, die bekanntlich nach dem preußischen Generalfeldmarschall Karl

[Antipasti per Fischerboot im »Brunello«]

[Tipp:]

Autorenbuchhandlung
Carmerstr. 10
von Autoren unterstützt – seit Jahren eine Fundgrube guter Bücher – seltene Ausgaben – gilt als einer der besten Literatur-Buchläden Berlins – großes Lyrikangebot

[Spielzeug für Sandkastenspiele bei »Berliner Zinnfiguren«]

Friedrich Freiherr von dem Knesebeck (1768–1848) benannt wurde, von dem vermutet wird, dass seine erfolgreiche Militärlaufbahn auf frühe Spiele mit Zinnsoldaten zurückging.

Farbloser, aber dafür um so transparenter wirkt der Gläserladen »Glasklar«, der nahe der Kreuzung Goethestraße seine zerbrechlichen Glaswaren in großen, hinterleuchteten Regalen bewundern lässt. Der außergewöhnliche Laden ist spezialisiert auf Trinkgläser, Karaffen und Vasen in einfachem, gutem Design.

Jugendstil am Steinplatz Biegt man von der Knesebeckstraße nach rechts in Goethestraße, gelangt man zur Einmündung der Uhlandstraße in den Steinplatz, der an der Hardenbergstraße liegt. Schon von weitem leuchtet in goldenen Lettern der Schriftzug »Steinplatz« auf dem Dach eines grünen Hauses, das als Mietshaus 1906/07 erbaut, später Hotel wurde und heute Seniorenheim ist. Es ist ein Gebäude im Jugendstil des bekannten Architekten und Möbelentwerfers August Endell (1871–1925), der in Berlin u.a. die Tribüne der Trabrennbahn Mariendorf (1913), in den um die Wende zum 20. Jahrhundert entstandenen »Hackeschen Höfen« im

[Berliner Jugendstil am Steinplatz]

Stadtteil Mitte die Fassade des ersten Hofs und die Gestaltung der Festsäle des Hofkomplexes entwarf. An dem Jugendstilgebäude am Steinplatz fallen besonders die spitzbögigen hohen Fensterleibungen im Sockelgeschoss und der verzierte goldene Bogen des Haupteingangs auf.

Vom Steinplatz bietet sich ein Rückweg zum Savignyplatz über die Carmerstraße an, eine von alten Bürgerhäusern und Bäumen gesäumte Straße aus der Zeit der Jahrhundertwende.

»Literarische« Carmerstraße Die Carmerstraße ist mit Literatur verbunden. Der Philosoph und Essayist Walter Benjamin (1892–1940) verbrachte seine Kinderjahre im Haus Carmerstraße 3, Carl Zuckmayer (1896–1977) bezog nach seinem Umzug von Heidelberg nach Berlin 1920 in der Carmerstraße 16 seine Wohnung.

An Otto von Gierke (1841–1921) erinnert eine Gedenktafel am Haus Carmerstraße 12. Von Gierke war ein bedeutender Jurist und Rechtswissenschaftler, Professor an der Technischen Universität Berlin, der mit zahlreichen Publikationen zum deutschen Recht hervortrat, u. a. mit dem Werk »Das Deutsche Genossenschaftsrecht.«

[Tipp:]

Valeh e la Luna
Carmerstr. 11
Schmuck, Schals und Schönes – exotische Stoffe aus dem Orient für tausendundeine Nacht – Laden für persische Tuchfühlung

Seine Tochter Anna von Gierke (1874–1943), auf derselben Tafel des Wohnhauses der Familie geehrt, leitete von 1898 bis zu ihrer Zwangsentlassung 1933 durch die Nationalsozialisten das Jugendheim Charlottenburg in der Goethestraße 22, eine bedeutende soziale Einrichtung für Kinder und Jugendliche mit Kindergarten, Hort und einer sozialen Fachschule für Kindergärtnerinnen, Hortnerinnen, Jugendleiterinnen und Wohlfahrtspflegerinnen. Anna von Gierke war eine der ersten weiblichen Abgeordneten der Weimarer Nationalversammlung (1919/20) und des Reichstags. Sie war Akteurin in verschiedenen Vereinen und Verbänden der bürgerlichen Frauenbewegung und der Wohlfahrtspflege sowie eine ausgewiesene Publizistin für soziale Fragen.

Für zeitgenössische Literatur öffnet Klaus-Peter Herbach im ersten schönen Haus (1892) auf der rechten Seite in der Carmerstraße 1 regelmäßig donnerstagabends den »Buchhändlerkeller« für Lesungen junger Literaten.

Etwas weiter auf der anderen Straßenseite stapeln sich im »Antiquariat Schwarz« Werke der »schwarzen Kunst«, dass Freunde alter Bücher leuchtende Augen bekommen. Aber auch Heimatforscher können fündig werden, alte Festschriften oder Stadtbeschreibungen laden zum Schmökern und Entdecken ein. Liebhaber guter Literatur finden gleich nebenan mit der »Autorenbuchhandlung« eine der besten Adressen in Berlin, vor allem für Lyrik.

[Am Hauseingang Savignyplatz 5 starb George Grosz 1959]

Schon auf dem Gehsteig weist eine rostige menschliche Skulptur den Weg zur »Galerie am Savignyplatz«, in der seit über 20 Jahren Friedrich Rothe internationale zeitgenössische Künstler präsentiert.

Bekanntlich gehen Schriftsteller und andere Künstler gerne eine Allianz mit einem guten Tropfen ein. Wen wundert es, dass in der Carmerstraße mit der »Dicken Wirtin« eine der traditionellen Kneipen am Savignyplatz für die notwendige Flüssigkeitszufuhr bei hitzigen Debatten nach Lesungen sorgt. Doch auch Analphabeten kämen in der »Dicken Wirtin« zurecht, blind könnten sie unter den vielen leckeren Eintöpfen wählen, sie würden immer einen guten treffen. Das holzvertäfelte Lokal »Dicke Wirtin«, benannt nach dem Erscheinungsbild einer früheren Pächterin, mit rustikaler Pilsbar am Eingang und gemütlichen Ecken in den hinteren Räumen, ist einer der altbewährten »Restaurationsbetriebe« in Berlin, die mit einfacher und guter Küche ihre Gäste in einen Zustand vollster Zufriedenheit zu versetzen wissen.

[Kunst auf der Straße vor der »Galerie am Savignyplatz«]

[Tipp:]

Weinrestaurant Risachèr
Savignyplatz 11 (Eingang Kantstraße)
gemütliches deutsch-elsässisch-französisches Weinrestaurant – elsässische Küche – französische Weine und Brände – Lokal heißt nach dem Wirt Yves Risachèr

Schräg gegenüber wohnte am Savignyplatz 5 für kurze Zeit der bekannte Maler, Zeichner und Karikaturist George Grosz (1893–1959), vielleicht hat er die »dicke Wirtin« auf einer seiner Zeichnungen verewigt: ein noch offenes Feld für Kunsthistoriker. Grosz kam in Berlin als Georg Gross, Sohn eines Gastwirts auf die Welt, seinen Künstlernamen George Grosz nahm er 1916 an. Mit scharfer Beobachtungsgabe und sozialkritischem Bewusstsein karikierte Grosz in seinen Zeichnungen die Gesellschaft der 20er Jahre. Aus Angst vor Verfolgung emigrierte er 1933 nach Amerika. Grosz kehrte mit seiner Frau 1959 nach Berlin zurück und zog in die Wohnung seiner Schwiegermutter am Savignyplatz 5. Noch im Jahr seiner Rückkehr wurde George Grosz am 5. Juli nach einer durchzechten Nacht im »Diener« im Hauseingang Savignyplatz 5 tot aufgefunden. Eine Gedenktafel neben dem Eingang erinnert an den berühmten Künstler.

»Stilsichere« Kantstraße

Wieder auf dem Savignyplatz angelangt, führt der kleine Zickzack-Spaziergang durch die Seitenstraßen an der »Eisenwarenwandlung C. Adolph« nach links in die Kantstraße. Es lohnt ein Besuch in dem 1898 gegründeten Ladengeschäft »C. Adolph«, wo sonst werden neben Küchengeräten noch Schrauben und Haken einzeln

[Die schönste Kaufhausbar hat das »Stilwerk«]

verkauft? Nach fachkundiger Beratung sucht der Verkäufer – der wie seine Kollegen einen dunkelblauen Arbeitsmantel trägt, als ob er in der Materialausgabe einer Metallverarbeitungsfabrik arbeiten würde – in einer der vielen Schubladen der alten grünen Lagerwand und findet traumwandlerisch sicher das gesuchte Kleinod. Alte Postkarten – zur 100-Jahrfeier neu aufgelegt und mit Stolz von den Blaukitteln vorgezeigt – belegen, dass sich Verkaufstheke und Schubladenwand in der »Haken- und Ösenabteilung« seit den 20er Jahren nicht mehr verändert haben.

In diesem Teil der Kantstraße bis zur Uhlandstraße – auch in der Uhlandstraße selbst – haben sich viele Einrichtungs- und Möbelhäuser angesiedelt. Das größte von ihnen, das mehrgeschossige Designkaufhaus »Stilwerk«, erstreckt sich von der Uhlandstraße, wo sich der Haupteingang befindet, bis fast zum Savignyplatz. Doch vom Savignyplatz kommend, fällt erst das Restaurant »Stil« mit seinem roten Eingangsportal im großen gläsernen Gebäude des »Stilwerks« ins Auge. Leichte mediterrane Küche, Mittagsmenü, Lounge und große Cocktailbar machen das »Stil« tagsüber und

[Schubladenwand von 1898 in der »Eisenwarenhandlung C. Adolph«]

nach Ladenschluss zu einer Adresse für gehobene Ansprüche, bei der Inneneinrichtung wurde selbstverständlich sehr auf Design und Stil geachtet. Tagsüber führt ein Durchgang vom Restaurant »Stil« direkt in die große Halle des Designkaufhauses.

Das »Stilwerk«, eine erfolgreiche Idee aus Hamburg, die mit der Eröffnung des neu erbauten »Stilwerks« im November 1999 auch an der Spree ihren Siegeszug fortsetzte, vereint auf ca. 20.000 qm Verkaufsfläche auf fünf Etagen über 50 Geschäfte, die ein hochklassiges Markenangebot aus den Bereichen Einrichtung und Wohndesign anbieten: Möbel, Wohnaccessoires, Büro- und Objekteinrichtung, Geschenkartikel, Stoffe, Bodenbeläge, Badeinrichtung, Küchen, Unterhaltungselektronik, Leuchten etc. Alle international relevanten Namen und Hersteller dieser Sparten sind hier zu finden.

Vom Eingang des »Stilwerks« sind schon von weitem die geschwungenen Schriftzüge der Restaurants »Paris Bar« und »Le Bar du Paris Bar« zu erkennen. Für die »Paris Bar«, 1950 von einem französischen Besatzungssoldaten gegründet, begann der Aufstieg zu »dem« Treffpunkt der kulturellen Schickeria im alten Westberlin mit der Übernahme des Lokals durch Michel Würthle, einem

[Das Lieblingslokal der Westcity-Schickeria-Szene]

Wiener Künstler. Nebenan eröffnete 2001 »Le Bar du Paris Bar« mit einem großen »Auflauf« Berliner Prominenz, der Schauspieler Otto Sander feierte kurz nach der Eröffnung seinen sechzigsten Geburtstag im neuen »Muss«-Bistro-Bar-Restaurant in der Westcity. In moderner Gediegenheit weiß »Le Bar du Paris Bar« Cocktailbar und französisches Restaurant zu verbinden.

Die wenigsten Gäste beachten die Gedenktafel am Hauseingang, der zwischen den beiden »Pariser« Gastronomie-Geschwistern in das Haus führt. In den 20er und 30er Jahren benutzte ihn oft Carl von Ossietzky (1889 – 1938), Journalist, Schriftsteller und Chefredakteur der linksliberalen Zeitschrift »Weltbühne«. Er wurde von den Nationalsozialisten politisch verfolgt, 1933 verhaftet und für 18 Monate ins Gefängnis gesteckt, nach der zweiten Verhaftung 1936 brachten sie ihn ins Konzentrationslager. Ossietzky erkrankte und starb 1936 im Gefängniskrankenhaus. Während seiner Haft wurde ihm 1936 der Friedensnobelpreis verliehen.

[In der Kantstraße]

[Tipp:]

Stilwerk
Kantstr. 17
offizieller Beiname: Institut für guten Geschmack – größtes Design-Kaufhaus in Berlin – 57 Geschäfte – 500 führende Marken

Zurück zum Savignyplatz Auf dem Rückweg von der »Paris Bar« zum Savignyplatz liegt die Fotogalerie »Camerawork«, eine der wenigen Galerien in Berlin, die sich auf Fotografie spezialisiert haben. Fotos internationaler Fotografen, wie z.B. Richard Avedon, Man Ray, André Kertész, Herb Ritts oder Michel Comte, können in der Fotogalerie »Camerawork« in wechselnden Ausstellungen betrachtet werden.

Kurz vor dem Savignyplatz schließt die Szenekneipe »Schwarzes Café« fast nie seine Türen, es hat nur in der Nacht von Montag auf Dienstag geschlossen, aber erst ab drei Uhr in der Frühe. Seine durchgehenden Öffnungszeiten machen das »Schwarze Café« seit Jahren zum nächtlichen Sammelbecken für Genießer eines letzten Drinks nach durchzechter Nacht, für ganz zeitige Frühstücker oder zur »Feierabendkneipe am frühen Morgen« für Filmcrews, die einen Nachtdreh hinter sich gebracht haben.

Paradoxerweise hängt seit Jahren im Fenster des »Schwarzen Café« ein bunter Papagei aus farbigen Leuchtröhren, der Name

[Mit dem »Hefner« hielten die 90er Jahre Einzug am Savignyplatz]

bezieht sich auf die schwarz angemalten Wände, was einmal als ganz schick galt. Die Farben sind inzwischen heller geworden: Das provokative Schwarz ist fast verschwunden, auch oben in der Beletage, wo noch immer ein kleiner Balkon zum Thronen über der Kantstraße einlädt.

Ein Lokal der neuen Generation, das »Hefner«, schließt an der Ecke zum Savignyplatz den Zickzack-Rundgang ab: Eine im Stil einer Wohnlandschaft der 60er Jahre eingerichtete Lounge, wie man heute neudeutsch zu einer Kneipe sagt. Sie bildet einen kleinen Beitrag zu der Möbelschau in diesem Viertel. Gleichzeitig veranschaulicht sie auf schönste Weise, wie Attribute des Bürgertums, die früher von den sich nebenan im »Schwarzen Café« treffenden Studenten als megaspießig abgelehnt wurden, nur ein paar Meter weiter im »Hefner« Kultstatus haben.

[Szenelokal »Schwarzes Café«]

[Tipp:]

Camerawork
Kantstr. 149
Fotogalerie – internationale Fotografen – moderne Klassiker und aktuelle Fotografie – wechselnde Ausstellungen – Mode – Porträts – Stills – People – Reportagen – Fotokunst

stilwerk
Arclinea
ligne roset
stilwerk

Straßen um den Savignyplatz

Namen und Herkunft

Bleibtreustraße Am 22. März 1875, seinem achtundziebzigsten Geburtstag, unterschrieb Kaiser Wilhelm I. (1797–1888) eine Order zum Umbau des Berliner Zeughauses in eine Ruhmeshalle der brandenburgisch-preußischen Armee. Nach umfangreichen Umbaumaßnahmen, zu der auch die Überdachung des Hofes zählte, wurden die Räumlichkeiten aufwändig künstlerisch ausgestaltet, u.a. mit 16 großen historischen Gemälden. Zu den Künstlern zählte auch der Maler Georg Bleibtreu (1828–1892). Bleibtreu, aus Xanten am Rhein stammend, zog nach dem Kunststudium an der Düsseldorfer Kunstakademie 1858 nach Berlin, wo er sich bald einen Ruf als Schlachtenmaler erwarb und zum beliebten Maler für Repräsentationsbilder hoher Militärs avancierte. Seit 1897 ist die Bleibtreustraße nach dem Künstler benannt.

Carmerstraße Die Carmerstraße, die seit 1892 diesen Namen trägt, verbindet den Savignyplatz mit dem Steinplatz an der Hardenbergstraße. Friedrich II. (1712–1786) berief 1779 den bekannten Politiker und Jurist Johann-Heinrich Casimir Carmer (1720–1801) zum Großkanzler und betraute ihn mit der Neuordnung des preußischen Justizwesens. Carmer schuf das erste preußische Gesetzbuch: das »Allgemeine Landrecht«. Für seine Verdienste wurde Carmer 1798 in den Grafenstand erhoben.

Else-Ury-Bogen Mit der Benennung der Zugangsgasse zum S-Bahnhof Savignyplatz in Else-Ury-Bogen wurde 1999 die jüdische Schriftstellerin Else Ury (1877–1943) geehrt. Nach journalistischer Tätigkeit begann Else Ury als freie Schriftstellerin Romane zu schreiben, darunter auch Kinderbücher, von denen ihre Romane über »Nesthäkchen« Berühmtheit erlangten. Else Ury wurde von

[Seit 1896 hält die S-Bahn am Savignyplatz]

den Nationalsozialisten verfemt und 1943 ins Konzentrationslager Ausschwitz deportiert, wo sie im Alter von 66 Jahren ermordet wurde.

Fasanenstraße König Friedrich II., genannt der Große, ließ 1775 in der Gegend der heutigen Straße einen »königlichen Fasaneriegarten und Gehege« anlegen. Die Fasanerie wurde 1841 nach Potsdam verlegt, doch zu ihrer Erinnerung 1867 die Fasanenstraße benannt.

Goethestraße Bei ihrer Namengebung 1874 führte die Goethestraße von der Hardenbergstraße bis zur Leibnizstraße, erst zehn Jahre später wurde sie bis zur Wilmersdorfer Straße verlängert. Johann Wolfgang von Goethe (1749–1832) gilt als wichtigster Dichter der deutschen Klassik. Der studierte Jurist ließ sich 1771 als Rechtsanwalt in seiner Geburtsstadt Frankfurt am Main nieder, wurde jedoch schon im folgenden Jahr Praktikant am Kammergericht in Wetzlar. Auf Einladung des Herzogs von Sachsen-Weimar kam er 1775 nach Weimar, wo er rasch Karriere als Staatsbeamter machte. Bis zu seinem Tode am 22. März 1832 lebte er im Haus am Frauenplan. Berlin besuchte er nur ein einziges Mal im Jahre 1778.

Grolmanstraße Die Grolmanstraße, seit 1874 nach dem preußischen General Karl Wilhelm Georg von Grolman (1777–1843) benannt, zählt zu den Straßen, deren ursprünglicher Verlauf nur noch erahnt werden kann, weil das kriegszerstörte Berlin verändert wieder aufgebaut wurde. Vom Kurfürstendamm führte die Grolmanstraße zum Savignyplatz, schien diesen diagonal zu überspringen, um weiter über die Goethestraße, vorbei am Schillertheater auf die Bismarckstraße zu stoßen, diese zu überqueren und in einer leichten Kurve auf die Otto-Suhr-Allee einzubiegen. Heute verbindet die Grolmanstraße nur noch den Kurfürstendamm mit der Goethestraße, ihre restlichen Teilstücke wurden bebaut oder mit anderen Straßennamen versehen.

Hardenbergstraße Vom Ernst-Reuter-Platz führt die Hardenbergstraße vorbei an der Technischen Unversität, dem Steinplatz und Amerikahaus zum Bahnhof Zoologischer Garten. Bis zu ihrer Umbenennung in Hardenbergstraße war die Straße als Lützower Weg, auch Lützower Triftweg, bekannt. Der Lützower Weg führte zu der kleinen Ortschaft Lützow in der Nähe des Charlottenburger Schlosses.

Zu Ehren des preußischen Staatsmannes Karl August Freiherr Graf Fürst von Hardenberg (1750–1822) wurde der ehemalige Viehweg der Lützower Bauern 1865 in Hardenbergstraße umbenannt. Hardenberg lenkte die Geschicke Preußens als Politiker während der Herrschaft Napoleons, bereitete als Staatskanzler (1810) die Befreiungskriege (1813–1815) gegen Napoleon vor und vertrat Preußen auf dem Wiener Kongress (1815).

[Tipp:]

Prinz Eisenherz
Bleibtreustr. 52
erster Schwulen-Buchladen in Berlin – Bücher, Zeitschriften und Poster – fachkundige Beratung – guter Buchladen für Schwule und informationsoffene Heteros

Jeanne-Mammen-Bogen Die Savignypassage, die neben der Gaststätte »Diener« durch das alte Gebäude der ehemaligen Reitschule »Tattersall des Westens« führt und Grolmanstraße mit Uhlandstraße verbindet, trägt den Straßennamen Jeanne-Mammen-Bogen. Jeanne Mammen (1890–1976) war eine Berliner Malerin und Zeichnerin, die in künstlerischer Verwandtschaft mit Otto Dix und George Grosz stand. Mit scharfem Blick beobachtete sie vor allem ihre Zeitgenossinnen und hinterließ mit ihren Porträts ein realistisches Bild des Berlin im frühen 20. Jahrhundert. Wie Dix und Grosz wurde auch Jeanne Mammen durch das NS-Regime verfemt und unterdrückt.

Kantstraße Wie eine heimliche Hauptstraße durchmisst die Kantstraße den Stadtteil Charlottenburgs, der im 19. Jahrhundert angelegt wurde. Vom Breitscheidplatz ausgehend, wo der im Krieg zerstörte hohe Kirchturm der Kaiser-Wilhelm-Gedächtniskirche für Frieden mahnt, führt sie über den Savignyplatz bis zum Amtsgerichtsplatz. Die Straße wurde 1887 nach dem Philosophen Immanuel Kant (1724–1804) benannt, der über die »praktische Vernunft« und »Urteilskraft« des Menschen nachdachte – aber nie Berlin einen Besuch abgestattet hat.

[Das» Delphi« Kino und das» Theater des Westens« in der Kantstraße]

Knesebeckstraße Ähnlich wie die Kantstraße läuft auch die Knesebeckstraße mittig auf den Savignyplatz zu, vermeidet es aber rücksichtsvoll, den Savignyplatz in zwei Hälften zu teilen.

Repräsentanten des deutschen Geistesleben, wie Goethe oder Kant, sind nicht die wichtigsten Namensgeber für Straßen in der Zeit vor und nach der Reichsgründung 1871. Vornehmlich liebte man es, die hohen Militärs der für ihre Ordnung und Disziplin berühmten preußischen Armee zu verewigen. So auch in der Knesebeckstraße, die 1866 nach dem preußischen Generalfeldmarschall Karl Friedrich Freiherr von dem Knesebeck (1768–1848) benannt wurde. Nach der Teilnahme an diversen Schlachten, z.B. bei Auerstedt, wo er Friedrich Wilhelm III. vor französischer Gefangenschaft rettete, wurde Knesebeck 1813 Generaladjudant des Königs und später Oberbefehlshaber der preußischen Armee in Posen.

[Das »Schell« in der Bleibtreustraße]

[Tipp:]

Glasklar
Knesebeckstr. 13/14
internationale Gläser – schlanke Flaschen – dicke Karaffen – glasklare Vasen – Transparenz ist Trumpf

[Das Kino »Astor« in einem alten Bürgerhaus am Kurfürstendamm]

Kurfürstendamm Eine Vision trieb Kanzler Bismarck (1815–1898) um: nach dem Vorbild der Pariser Champs-Élysées auch in Berlin eine Prachtstraße anzulegen. Ins Auge hatte er den Knüppeldamm gefasst, der auf sumpfigem Gelände vom Stadtschloss an der Spree zum 1542 errichteten Jagdschloss Grunewald führte. Die Hohenzollern-Kurfürsten, die Kraft ihres Titels das Recht zur Wahl des Kaisers des »Heiligen Römischen Reiches Deutscher Nation« besaßen, pflegten auf dem Damm zur Jagd in den Grunewald zu ziehen, auch Bismarck benutzte ihn gerne als Reitweg. Der Reichskanzler forcierte 1880 Bebauungsplanungen, die als Idee schon 1870 von dem Städteplaner und Bauunternehmer Johann Anton Wilhelm von Carstenn-Lichterfelde (1822–1896) vorgetragen worden waren.

[Tipp:]

Marga Schoeller Bücherstube
Knesebeckstr. 33
über siebzig Jahre alte Buchhandlung – gegründet am Kurfürstendamm – Bücher aller Literaturbereiche – große Abteilung englischsprachiger Literatur – Lesungen bekannter Autoren

[Gründerzeit-Bauten, Knesebeckstraße]

Der in Hamburg mit dem Bau einer Wohnsiedlung zu Geld gekommene Carstenn-Lichterfelde zog 1865 nach Berlin, kaufte außerhalb Berlins alte Rittergüter auf und baute auf ihren Grundstücken Villensiedlungen. Bebauungen der Stadtteile Lichterfelde, Friedenau und Wilmersdorf sind mit seinem Namen verbunden. Carstenn-Lichterfelde wurde mit »Titeln« bedacht, die zwischen »bedeutender Stadtplaner« bis zu »Napoleon der Spekulanten« reichten, sicherlich war er einer der ersten großen Baulöwen Berlins.

Bismarck brachte gestalterische und architektonische Maßgaben ein. So sollte die Straße statt 30 nun 54 Meter breit werden und zwei Fahrbahnen mit einen mittleren Reitweg besitzen, der heute als Parkstreifen genutzt wird. Repräsentative Stadtvillen sollten die Straße säumen. Für die Seitenstraßen wurde ein Bebauungsplan erstellt, der als Gegensatz zu der engen steinernen Innenstadt an der Spree eine großzügige Villengegend vorsah. Der Ausbau des Damms erfolgte zwischen 1883 und 1889, während erst um die Jahrhundertwende eine Bebauung mit hochherr-

[Ehemaliger Reitstall »Tattersall des Westens«]

schaftlichen Mietspalästen, die mit Schmuckfassaden versehen, mit Balkonen, Loggien, Erkern und Türmchen verziert waren, die Häuserlücken des 3,5 km langen Kurfürstendamms schloss. In den Jahren darauf zogen immer mehr Cafés, Restaurants, Theater und Kinos an den Ku'damm. Seine Ära als Künstlertreff, Vergnügungsmeile und Flanier-Boulevard fand ihren Höhepunkt in den goldenen 20er Jahren.

Mommsenstraße Zwischen Kantstraße und Kurfürstendamm zweigt die Mommsenstraße von der Knesebeckstraße ab und führt stadtauswärts bis zum Stuttgarter Platz. Benannt wurde die Straße 1897 nach dem Historiker Theodor Mommsen (1817–1903), dem 1902 der Nobelpreis für Literatur verliehen wurde. Mommsen, der seit 1858 Professor für Alte Geschichte in Berlin war, verfasste mehrere Werke zur Geschichte des Römischen Reichs , als Abgeordneter vertrat er liberale Ideen.

[S-Bahnhof Savignyplatz]

Niebuhrstraße Parallel zur Mommsenstraße führt die Niebuhrstraße, die seit 1902 diesen Namen trägt, von der Bleibtreustraße zur Wilmersdorfer Straße. Der Däne Barthold Georg Niebuhr (1776–1831) wandelte sich vom Privatsekretär des dänischen Finanzministers in einen Professor der Geschichte, der an der Berliner Universität Vorlesungen zur »Römischen Geschichte« gab. Mit seinem Hauptwerk gleichen Titels begründete er die »kritische Geschichtsschreibung«, die vorgibt, lediglich von den vorhandenen Quellen, ihrer Interpretation und sachgerechten Darstellung auszugehen. Von 1816 bis 1823 vertrat Niebuhr Preußen als Gesandter in Rom.

Otto-Ludwig-Straße Entlang der S-Bahnbögen verbindet die Otto-Ludwig-Straße als kurze Querverbindung Grolman- und Knesebeckstraße. Seit 1906 ist die Straße nach dem Schriftsteller Otto Ludwig (1813–1865) benannt, als dessen Hauptwerk die Erzählung »Zwischen Himmel und Erde« (1856) gilt, die zu den bedeutenden Werk des Realismus in der Literatur des 19. Jahrhunderts zählt.

[Das »Schlüter« in der Schlüterstraße zählte zu den Berliner Kinoklassikern]

Pestalozzistraße Nach der militärischen Niederlage Preußens gegen Napoleon (1806) sollte auf verschiedenen Ebenen ein Wiederaufbau des preußischen Staates stattfinden, dabei wurden der Bildung und Erziehung zentrale Rollen zugewiesen. Die »Versittlichung« des Menschen, seine Erziehung zu einem selbstständig denkenden und handelnden Mitglied der Gesellschaft stand im Mittelpunkt der Erziehungsreform. Preußen griff hierzu die pädagogischen Ideen des Schweizers Johann Heinrich Pestalozzi (1746–1827) auf, der in einer von ihm gegründeten Armenschule und mit mehreren Veröffentlichungen die Pädagogik praktisch und theoretisch erneuerte. 1908 wurde die parallel zur Kantstraße verlaufende Straße in der Nähe des Savignyplatzes nach Pestalozzi benannt.

Savignyplatz Angelegt wurde der Savignyplatz 1894/95 als rechteckiger »Rasenschmuckplatz« um Grün und Luft zwischen die Häuser zu bringen. Er verteilt mehrere Straßen, die an seinen Seiten rechtwinklig und an den Ecken als diagonale Verlängerungen weg-

[Die »Filmbühne am Steinplatz« ist eines der beliebtesten Programmkinos in Berlin]

führen. Nur die Kantstraße kreuzt direkt über ihn, als noch Pferdefuhrwerke durch Berlin fuhren sicher ohne einschneidende Wirkung, doch heute teilt sie als Verkehrsader den Savignyplatz in zwei Hälften. Benannt wurde der Platz 1887 nach Friedrich Karl von Savigny (1779–1861), einem bedeutenden Juristen, der seit 1810 in Berlin an der Universität Recht lehrte. Von 1842 bis 1848 bekleidete Savigny das Amt des preußischen Ministers für Gesetzgebung.

Schlüterstraße Der Hamburger Bildhauer und Baumeister Andreas Schlüter (1664–1714) wurde 1694 an die Berliner Akademie der Künste berufen, deren Direktor er später war. Schlüter wurde zu einem der bedeutendsten Künstler am preußischen Hof und gilt als Meister des norddeutschen Barocks. In Berlin war er an vielen großen Bauten beteiligt, 1698 übernahm er die Bauleitung des Zeughauses und mit dem vierflügeligen Erweiterungsbau des Berliner Stadtschlosses (Ende 1950 zerstört) schuf er sein architektonisches Hauptwerk. Zu seinen bedeutendsten bildhauerischen Arbeiten zählen die Masken »Sterbender Krieger« am Berliner Zeughaus und das Reiterstandbild des Kurfürsten Friedrich Wilhelm

(1620–1688), das sich heute im Ehrenhof des Charlottenburger Schlosses befindet. Auf Einladung des Zars Peters I. ging Schlüter 1713 als Baudirektor nach Petersburg, wo er 1714 starb.

Steinplatz Nach einem Stein mit besonders langem Namen, nämlich nach Heinrich Friedrich Karl Reichsfreiherr vom und zum Stein (1757–1831) wurde 1885 der kleine, rechteckige Platz an der Hardenbergstraße benannt. Stein, in Nassau geboren, trat 1780 in den preußischen Staatsdienst. Er hatte während seiner Amtszeit mehrere Ministerämter inne, erlangte dabei den Ruf eines Reformers des Staatswesens und führte eine neue Städteverordnung durch, die den Stadtgemeinden die Selbstverwaltung gewährte. Stein setzte sich mit seinen Reformideen in Gegensatz zu König Friedrich III. und des preußischen Adels. 1808 auf Befehl Napoleons entlassen, wurde Stein an den russischen Hof gerufen, wo er durch seinen Einfluss auf Zar Alexander I. das preußisch-russische Bündnis gegen Napoleon vorbereitete. Stein zog sich im Alter aus der Politik zurück und verbrachte seinen Lebensabend in Westfalen.

[Die Hochschule der Künste am Steinplatz in der Hardenbergstraße]

Uhlandstraße Von Wilmersdorf kommend überquert die Uhlandstraße den Kurfürstendamm, die Kantstraße und mündet in den Steinplatz. Sie bildet das Gegenüber zur Bleibtreustraße, mit dem Savignyplatz in der Mitte. Die Uhlandstraße wurde 1885 nach dem Dichter Ludwig Uhland (1787–1862) aus Tübingen benannt, dem bedeutendster Vertreter des spätromantischen schwäbischen Dichterkreises und zu seiner Zeit bekanntesten zeitgenössischen Dichter in Deutschland. Doch mit seinem Namen wird nicht nur die Dichtkunst volkstümlicher Balladen verbunden. Uhland war auch Professor für Germanistik und zählt zu den Mitbegründern einer germanistischen Literaturwissenschaft. Als Politiker setzte er sich für eine württembergische Verfassung ein, war Abgeordneter im Württembergischen Landtag und zählte 1848 in der Frankfurter Nationalversammlung zu den liberalen Linken.

[Kurfürstendamm/Ecke Uhlandstraße]

A–Trane
Bleibtreustr. 1 (Ecke Pestalozzistraße)
10625 Berlin
Tel. 313 25 50
So–Do 21–2 Uhr, Fr u. Sa ab 21 Uhr,
Konzerte ab 22 Uhr
Jazzclub, regelmäßige Gigs in jazziger Atmosphäre, ein Fixpunkt für Jazzfans in Berlin. S. 35

Altair Cocktailbar
Carmerstr. 2, 10623 Berlin
Tel. 31 80 04 97
tgl. 18–6 Uhr
Cocktail-Lounge-Bar bis in den frühen Morgen.

Bleibtreu
Café, Restaurant
Bleibtreustr. 45, 10623 Berlin
Tel. 881 47 56
So–Do 9.30–1 Uhr, Fr u. Sa 9.30–2 Uhr
Ein Klassiker, in dem schon unzählige Filme begossen wurden, die gegenüber im Kino »Filmkunst 66« liefen. S. 28

Brunello
Knesebeckstr. 18, 10623 Berlin
Tel. 312 93 81
tgl. 17–24 Uhr, So geschlossen
Italienisches Restaurant mit Straßenterrasse und Fischerboot als Antipasti-Theke. S. 41

Café Aedes
Savignyplatz, S-Bahnbogen 599
10623 Berlin, Tel. 31 50 95 35
Mo–Fr 8–24 Uhr, Sa u. So 9–24 Uhr
Kleines Café für schwarz gekleidete Architekten mit Begleiterinnen im gewagten Dunkelgrauen. Nebenan sind internationale Architekturausstellungen zu bewundern. S. 17

Café Savigny
Grolmanstr. 53, 10623 Berlin
Tel. 312 81 95, tgl. 10–1 Uhr
Ein ruhiger Treffpunkt für Kaffee- und Konversationsliebhaber S. 37

Carpe Diem
Savignypassage, S-Bahnbogen 576/577, Eingang von Grolmanstraße
10623 Berlin
Tel. 313 27 28, tgl. 17–1 Uhr, Sa 14–1 Uhr
Top-Tapas und Patatas Bravas unterm S-Bahnbogen. S. 22

Dicke Wirtin

Carmerstr. 9, 10623 Berlin
Tel. 312 49 52, tgl. 12–4 Uhr
Keine dicke Wirtin in Sicht, aber dafür eine große Auswahl an Eintöpfen, vom alten Studentenlokal zur zünftigen Kneipe mit Herz. S. 47

Die Zwölf Apostel

Bleibtreustr. 49 (Passage S-Bahneingang), 10623 Berlin
Tel. 312 14 33
tgl. rund um die Uhr, Küche zwischen 5 und 6 Uhr geschlossen
Farbige bemalte Wände, Wintergarten und »cucina italiana«, das »Zwölf Apostel« lädt zum Abendmahl von morgens bis tief in die Nacht. S. 31

Diener – Tattersall

Grolmanstr. 47, 10623 Berlin
Tel. 881 53 29
tgl. 18–3 Uhr, Küche bis 24 Uhr
Boxidol Franz Diener machte in den 50er Jahren aus der Kneipe eines ehemaligen Reitstalls »das« Künstlerlokal in Westberlin, Hunderte von Schauspielerfotos erzählen davon. S. 22

Florian

Grolmanstr. 52, 10623 Berlin
Tel. 313 91 84
tgl. 18–3 Uhr, Küche bis 1 Uhr
Seit Jahren das Filmfestspiele-Restaurant Berlins, doch auch nach dem Starrummel können im Florian gute »Variationen in Deutsch« genossen werden. S. 37

Gainsbourg – Bar Américain

Savignyplatz 5, 10623 Berlin
Tel 313 74 64
tgl. ab 17 Uhr
Chansonnier Serge Gainsbourg ist der Namensgeber der kleinen Cocktailbar mit Bistro-Angebot, statt glattem Design laden heimelige Patina und gute Drinks ein. S. 40

Haffar

Café, Crêperie
Grolmanstr. 53–54, 10623 Berlin
Tel. 312 49 72
Mo–Sa 8–24 Uhr, So 9–24 Uhr
»Süße« und »salzige« Crêpes, Antipasti und mediterrane Speisen. S. 37

Hefner
Café, Bar, Lounge
Kantstr. 146, 10623 Berlin
Tel. 31 01 75 20
tgl. 12–2 Uhr, So 9–24 Uhr
Neue Lounge-Bar im 90er-Jahre-Stil mit 60er-Jahre-Wohnlandschaft. S. 53

La Piazza
Savignyplatz 13, 10623 Berlin
Tel. 312 39 90
tgl. 11–1 Uhr, Küche bis 0.30 Uhr
»Schon immer«, so erinnern sich Savignyplatz-Gänger ihrer Studentenzeit, »gibt es dieses italienische Restaurant an der S-Bahn.« S. 18

Le Bar du Paris Bar
Kantstr. 152, 10623 Berlin
Tel. 31 01 50 94
tgl. ab 17 Uhr
Nachbar der Paris Bar. Modernes Design zu französischem Essen und Champagner, doch Perrier gibt es auch. S. 51

Le Canard
Knesebeckstr. 88, 10623 Berlin
Tel. 312 26 45
Mo–Sa 12–24 Uhr, So 17–24 Uhr
Le Canard, auf deutsch: Ente, heißt das kleine und feine französische Restaurant am Savignyplatz – es gibt aber nicht nur Federvieh! S. 41

Lubitsch
Café, Restaurant , Bleibtreustr. 47
10623 Berlin
Tel. 882 37 56
tgl. 9–1 Uhr, Küche bis 24 Uhr
Café-Restaurant, eine neue gastronomische Kombination setzt sich durch, im Lubitsch täglich bis spät in die Nacht. S. 29

Novecento
Grolmanstr. 21, 10623 Berlin
Tel. 313 93 15
Mo–Sa 12–24 Uhr, So 17–24 Uhr
Ob alle Rezepte des italienisch-lombardischen Restaurants aus dem 19. Jahrhundert stammen? S. 37

Paris Bar
Kantstr. 152, 10623 Berlin
Tel. 313 80 52
tgl. 12–2 Uhr, Küche bis 1 Uhr
Wer kennt die Namen, kennt die Promis, die in der Paris Bar schon eine französische Zwiebelsuppe gegessen haben? S. 50

Pssst 2
Savignyplatz 1, 10623 Berlin
tgl. ab 18 Uhr bis open end
Die kleine Rotlichtecke am Savignyplatz. S. 20

Restaurant Reste Fidèle
Bleibtreustr. 41, 10623 Berlin
Tel. 881 16 05, tgl. 16.30–1 Uhr
»Bleib treu« auf Französisch – im salonroten französischen Restaurant S. 26

Restaurant Tapas
Grolmanstr. 52, 10623 Berlin
Tel. 31 80 91 70
Mo–Sa 11–3 Uhr, So 11–1 Uhr
Über 100 Tapas auf der Karte, dazu eine lange Tapas-Theke mit leckeren »tapas de vitrina«. S. 38

Restaurante Español Don Quijote
Bleibtreustr. 41, 10623 Berlin
Tel. 881 32 08
tgl. 16–1 Uhr
Spanisches Restaurant mit »platos tipicos« aus ganz Spanien. S. 26

Ristorante San Marino
Savignyplatz 12, 10623 Berlin
Tel. 313 60 86, tgl. 11–1 Uhr
Alte Frage am Savignyplatz: Was war zuerst da, das La Piazza oder das San Marino? Egal, die Pizza ist rund. S. 18

Rosalinde
Knesebeckstr. 16, 10623 Berlin
Tel. 313 59 96, tgl. 9–2 Uhr
Gute Hausmacherküche mit Maultaschen aus dem bayerischen Schwaben. S. 42

Rocky´s Inn
Grolmanstr. 27/28, 10623 Berlin
Tel. 881 15 97
Mo–Sa 10–4 Uhr, So 15–24 Uhr
Harte Fäuste, weiche Handschuhe, raue Kerle – und volle Bude bei Boxübertragungen im Fernsehen. Die einzige und wahre Boxerkneipe in Berlin. S. 23

Sachiko Sushi
Savignypassage, S-Bahnbogen 584
Eingang von Grolmanstraße
10623 Berlin
Tel. 313 22 82, tgl. 12–24 Uhr
Holzschiffchen im Kreisverkehr bringen volle Ladung Sushi vorbei. S. 21

Schwarzes Café
Kantstr. 148, 10623 Berlin
Tel. 313 80 38
tgl. rund um die Uhr,
Mo von 3–10 Uhr geschlossen
Schwarz wird es einem nur noch auf der dunklen Toilette, ansonsten sind die Wände schon lange freundlich hell gestrichen. Das Rund-um-die-Uhr-Café am Savignyplatz. S. 52

Schell
Restaurant, Café, Bar
Knesebeckstr. 22, 10623 Berlin
Tel. 312 83 10, tgl. ab 11 Uhr
Wo früher eine Tankstelle stand, wird heute fein und edel gegessen. Aber ja, auch Muscheln! S. 41

Stil
Restaurant, Bistro, Bar
Kantstr. 17, 10623 Berlin
Tel. 31 51 86-0
tgl. ab 9 Uhr, Küche bis 23.30 Uhr,
Bar bis open end
Im Restaurant »Stil« im Designkaufhaus »Stilwerk« hat auch das Essen Stil und guten Geschmack.
Die schickste Kaufhausbar in Berlin. Ladenschlusszeiten spielen keine Rolle. S. 49

Terzo Mondo
Grolmanstr. 28, 10623 Berlin
Tel. 881 52 61
tgl. ab 18 Uhr, Küche bis 2 Uhr
Seit Jahren spielen Griechen im »Terzo Mondo« Sirtaki, der Wirt Kostas Papanastasiou greift gerne auch mal zur Gitarre – falls er nicht gerade im Nebenberuf den Wirt in der »Lindenstraße« mimt. S. 22

Trattoria Totó
Bleibtreustr. 55, 10623 Berlin
Tel. 312 54 49
Mo–Sa 12–24 Uhr, So 18–24 Uhr
Der italienische Schauspieler Totó schaut auf einem Foto erstaunt aus der aufgehängten Wäsche. Auf »eine Nudel« lohnt sich der Besuch beim italienischen Komiker immer. S. 36

Tres Pesos
Grolmanstr. 21, 10623 Berlin
Tel. 312 68 75
tgl. 11–2 Uhr
Mexikanisches Bier, Tacos und Tortillas. S. 36

Vinotheka & Salumeria
Espresso Bar und Feinkost
Carmerstr. 11, 10623 Berlin
Tel. 315 09 646
Mo–Fr 11–19 Uhr, Sa 11–17 Uhr
Kleiner Laden mit italienischer Feinkost und Espressobar.

Weinrestaurant Risachèr
Savignyplatz 11 (Eingang Kantstraße)
10623 Berlin, Tel. 313 86 97
tgl. ab 18 Uhr
Gemütliches deutsch-elsässisch-französisches Weinrestaurant.

Zillemarkt
Bleibtreustr. 48A, 10623 Berlin
Tel. 881 70 40, tgl. 10–1 Uhr
Alt-Berliner Eisbeinküche in Antiquitäten-Ambiente. S. 30

Zwiebelfisch
Savignyplatz, 10623 Berlin
Tel. 312 73 63
tgl. 12–6 Uhr, Küche 12–3 Uhr
Die Institution am Savignyplatz! Vom Studentenlokal über Literatenkneipe zum Kieztreff mit gutbürgerlicher Küche. S. 38

[Literatur]

Antiquariat Schwarz
Carmerstr. 11, 10623 Berlin
Tel. 312 56 54, Mo–Fr 12–18.30 Uhr, Sa 12–14 Uhr. Alte Bücher stapeln sich zu Türmen. S. 46

Autorenbuchhandlung Berlin
Carmerstr. 10, 10623 Berlin
Tel. 313 01 51, Mo–Fr 10–20 Uhr, Sa 10–16. Uhr. Eine der besten Literaturbuchhandlungen Berlins, große Lyrikabteilung. S. 8

Buchhändlerkeller
Carmerstr. 1, parterre li., 10623 Berlin
Kontakt und Programm über Autorenbuchhandlung Berlin. Donnerstags um 21 Uhr wird gelesen, außer in der Sommerpause. S. 7

Bücherbogen am Savignyplatz
Architektur, Kunst, Design, Foto
Savignyplatz, S-Bahnbogen 593
10623 Berlin, Tel. 318 695–0
Mo–Fr 10–20 Uhr, Sa 10–16 Uhr
Exzellente Auswahl an Büchern und Bildbänden über Architektur, Kunst, Fotografie und Design. S. 18

Bücherbogen am Tattersall
Film, Bühne, Tanz, Kostüm, Textil
Savignypassage, S-Bahnbogen 585
Eingang von Grolmanstraße
10623 Berlin
Tel. 31 50 37 50
Mo–Fr 10–20 Uhr, Sa 10–16 Uhr
Große Auswahl an Büchern über Film und Theater. S. 21

Bücherbogen in der Knesebeckstraße
Internationales modernes Antiquariat
Architektur, Kunst, Design, Foto
Knesebeckstr. 27, 10623 Berlin
Tel. 886 83 695
Mo–Fr 10–20 Uhr, Sa 10–16 Uhr
Günstige Bücher über alle Künste S. 24

Marga Schoeller Bücherstube
Knesebeckstr. 33, 10623 Berlin
Tel. 881 11 12/22
Mo, Di, Mi 9.30–19 Uhr,
Do u. Fr 9.30–20 Uhr, Sa 9.30–16 Uhr
Buchladen mit englischsprachiger Abteilung. S. 9

Prinz Eisenherz
Buchladen für Homosexuelle
Bleibtreustr. 52, 10623 Berlin
Tel. 313 99 36
Mo–Fr 10–19 Uhr, Sa 10–16 Uhr
Bücher, Bildbände und Poster. S. 9

Romanische Buchhandlung andenbuch
Knesebeckstr. 20/21, 10623 Berlin
Tel. 312 70 61
Mo–Mi 10–19 Uhr,
Do u. Fr 10–20 Uhr, Sa 10–16 Uhr
Bücher in Französisch, Spanisch, Italienisch und anderen romanischen Sprachen. S. 41

[Berliner Mode]

Chapeaux Hutmode Berlin
Andrea Curti
Bleibtreustr. 51, 10623 Berlin
Tel. 312 09 13
Mo–Fr 12–19 Uhr, Sa 12–16 Uhr
Kunstvolle Hüte, eigene Entwürfe und Herstellung. S. 33

Evelin Brandt Mode
Savignyplatz 6, 10623 Berlin
Tel. 313 80 80
Mo–Fr 10.30–20 Uhr, Sa 10.30–16 Uhr
Bekanntes Berliner Modelabel mit mehreren Filialen. S. 38

Evento Modedesign
Christine Breuer
Grolmanstr. 53/54
10623 Berlin
Tel. 313 32 17
Mo–Fr 11–18.30 Uhr, Sa 11–16 Uhr
Berliner individuelle Designerinnen-Mode. S. 38

Friederike Fiebelkorn
Mode-Atelier
Bleibtreustr. 4, 10623 Berlin
Tel. 312 33 73
Mo–Fr 11–19 Uhr, Sa 11–16 Uhr
Brautkleider und Abendmode. S. 34

Haven Design Mode
Pestalozzistr. 106, 10623 Berlin
Tel. 310 177 10
Mo–Sa 12–20 Uhr
Kleines Modelabel mit schnuckeligem Laden. S. 38

La Gioia
Knesebeckstr. 17, 10623 Berlin
Tel. 313 65 98
Mo–Fr 11–19 Uhr, Sa 11–16 Uhr
Designermode für Individualistinnen. S. 42

Monika Dallwitz
Strick Avantgarde
Knesebeckstr. 20/21, 10623 Berlin
Tel. 315 28 92
Mo–Fr 11–18.30 Uhr, Sa 11–16 Uhr
Strickmode mit edler Masche. S. 42

Nanna Kuckuck Haute Couture
Mode-Atelier
Bleibtreustr. 4, 10623 Berlin
Tel. 31 50 71 50
Mo–Fr 11–19 Uhr, Sa 11–16 Uhr
Exklusive Abendmode aus exotischen Stoffen. S. 34

[Läden und Geschäfte]

Anni Venti
Exklusive Ledertaschen & Accessoires
Knesebeckstr. 20/21, 10623 Berlin
Tel. 313 22 06, Mo–Fr 10–19 Uhr,
Sa 10–16 Uhr. Taschen und Accessoires aus Leder. S. 42

Arno Leuchten
Savignyplatz, S-Bahnbogen 590
10623 Berlin
Tel. 315 949-0 / 312 90 10
Mo–Fr 10–19 Uhr, Sa 10–16 Uhr
Hier geht jedem ein Licht auf. S. 19

Bar Fuss oder Lack Schuh
Schuhmode
Knesebeckstr. 86, 10623 Berlin
Tel. 31 50 72 61
Mo–Fr 11–20 Uhr, Sa 10–16 Uhr
Trendy Schuhmode statt barfuß. S. 43

Berliner Zinnfiguren & Preußisches Bücherkabinett
Knesebeckstr. 88, 10623 Berlin
Tel. 315 700-0
Mo–Fr 10–18 Uhr, Sa 10–15 Uhr
Zinnfiguren und Bücher über Preußen. S. 43

C. Adolph
Eisenwaren & Bühnenbedarf
Savignyplatz 3, 10623 Berlin
Tel. 313 80 44/45
Mo–Fr 9–19 Uhr, Sa 9–14 Uhr
Hat seit 1898 alles, was das Eisenherz und die Küchenseele begehrt. S. 48

Kaufhaus Schrill
Bleibtreustr. 46, 10623 Berlin
Tel. 882 40 48
Sommer: Mo–Fr 14–20 Uhr,
Sa 11–16 Uhr
Winter: Mo–Fr 12–19 Uhr
Seit über zwanzig Jahren: Schräg gleich irre gleich verrückt gleich Kaufhaus Schrill. S. 28

Paint your Style
Ideen auf Keramik
Bleibtreustr. 46, 10623 Berlin
Tel. 88 55 22 23,
Mo–So 11–22 Uhr
Jeder kann kreativ werden und Keramik nach eigenem Gusto bemalen.
S. 29

Piranha Kultur
Verlag, Musiklabel und Veranstaltungsagentur
Carmerstr. 11, 10623 Berlin
Tel. 318 614-0
Ethno-Musiklabel und Konzertagentur.

The Unknown Friends
Friseursalon
Knesebeckstr. 26, 10623 Berlin
Tel. 881 82 22
Mo–Fr 10–19 Uhr, Sa 9–14 Uhr
Bekannte »unbekannte Freunde« im Friseursalon. S. 24

Valeh e la Luna
Schmuck, Schals, Schönes
Carmerstr. 11, 10623 Berlin
Tel. 31 80 81 30
Mo–Fr 10–19 Uhr, Sa 11–14 Uhr
Exotische Stoffe für tausendundeine Nacht.

[Design und Antiquitäten]

Art déco
Möbel, Lampen, Accessoires
Grolmanstr. 51, 10623 Berlin
Tel. 31 50 62 05
Mo–Fr 13–19 Uhr, Sa 11–16 Uhr
Originale von 1920 bis 1940. S. 23

Astoria
Bleibtreustr. 42, 10623 Berlin
Tel. 883 81 81
Mo–Fr 13–18 Uhr, Sa 11–18 Uhr
Art déco, dekorative Kunst des vorigen Jahrhunderts. S. 27

Glasklar Gläser
Knesebeckstr. 13/14, 10623 Berlin
Tel. 313 10 37
Mo–Sa 11–18.30 Uhr
Schöne Trinkgläser, Karaffen und Flaschen. S. 44

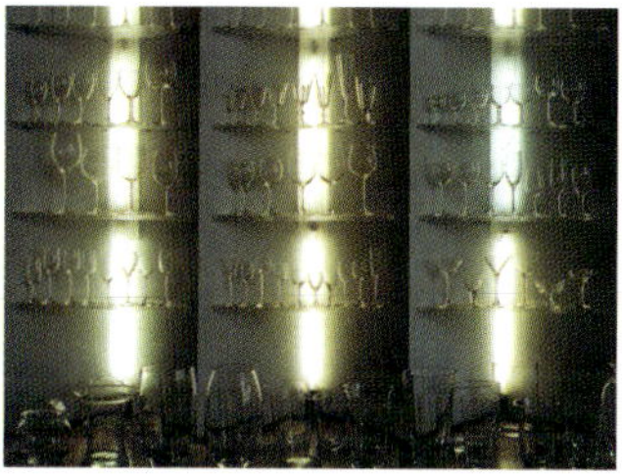

Kanthaus 143
Bleibtreustr. 50A, 10623 Berlin
Tel. 31 50 94 53
Mo–Fr 11–19 Uhr, Sa 11–16 Uhr
Italienisches und internationales Design mit Kunst. S. 33

Keramikatelier Angelika Baasner-Matussek
Knesebeckstr. 32, 10623 Berlin
Tel. 881 75 74
Mo–Fr 10–18 Uhr, Sa 10–15 Uhr
Handgefertigte Keramik und Keramikkunst. S. 25

Stilwerk
Kantstr. 17, 10623 Berlin
Tel. 31 51 50
Mo–Fr 10–20 Uhr, Sa 10–16 Uhr,
So 14 –18 Uhr (So ohne Verkauf)
Design ist fein im Designkaufhaus mit Stil. S. 50

Thonet Antik
Bleibtreustr. 53, 10623 Berlin
Tel. 313 46 05
Mo–Fr 12–18.30 Uhr, Sa 11–14 Uhr
Antikes Kaffeehaus-Mobiliar der Firma Thonet. S. 35

Treykorn
Galerie für internationale Schmuckkunst
Savignyplatz 13 (Passage S-Bahneingang), 10623 Berlin
Tel. 312 42 75
Mo–Fr 11–19 Uhr, Sa 11–16 Uhr
Internationales Schmuckdesign. S. 17

[Kunst und Galerien]

Galerie Aedes West
Architekturgalerie
Savignyplatz, S-Bahnbogen 599
(Passage S-Bahneingang)
10623 Berlin
Tel. 282 70 15
tgl. 10–20 Uhr S. 17

Africa Art Gallery
Knesebeckstr. 29
10623 Berlin
Tel. 883 67 23
Mo-Fr 11–19 Uhr, Sa 11–16 Uhr S. 25

Bleibtreu Galerie
Ljuba Berankova
Bleibtreustr. 5
10623 Berlin
Tel. 31 80 27 84
Mo–Fr 13–19 Uhr, Sa 11–16 Uhr S. 34

Camerawork Photogalerie
Kantstr. 149, Atelierhaus
10623 Berlin
Tel. 31 50 47 83
Di–Fr 11–18 Uhr, Sa 11–16 Uhr S. 52

Galerie am Savignyplatz
Carmerstr. 10
10623 Berlin
Tel. 313 65 64
Mo–Fr 15–19 Uhr, Sa 11–19 Uhr S. 47

Galerie Beck + Priess
Bleibtreustr. 5, 10623 Berlin
Tel. 31 50 81 82
Mi–Fr 16–20 Uhr, Sa 11–14 Uhr,
und nach Vereinbarung S. 34

Galerie Hartmann & Noé
Knesebeckstr. 32, 10623 Berlin
Tel. 881 28 95
Di–Fr 11–18.30 Uhr, Sa 11–14 Uhr S. 25

Galerie Kienzle + Gmeiner
Bleibtreustr. 54, 10623 Berlin
Tel. 315 07 013
Di–Fr 13–19 Uhr, Sa 11–16 Uhr S. 34

Fine Art Rafael Vostell
Knesebeckstr. 30, 10623 Berlin
Tel. 885 22 80
Mo–Fr 11–19 Uhr, Sa 11–16 Uhr S. 25

[Hotels]

Concept Hotel
Grolmanstr. 41–43, 10623 Berlin
Tel. 884 26 0, Fax 884 26 500

Hecker's Hotel
Grolmanstr. 35, 10623 Berlin
Tel. 88 90 0, Fax 88 90 260

Hotel Carmer 16
Carmerstr. 16, 10623 Berlin
Tel. 311 00 500, Fax 311 00 510

[Kinos]

Astor
Kurfürstendamm 217, 10719 Berlin
Tel. 881 11 08 S. 60 (Abb.)

Delphi
Kantstr. 12a, 10623 Berlin
Tel. 312 10 26 S.10

Filmbühne am Steinplatz
Hardenbergstr. 12, 10623 Berlin
Tel. 312 90 12 S. 11

filmkunst 66
Bleibtreustr. 12, 10623 Berlin
Tel. 882 17 53 S. 11, 28

[Literatur]

Bellmann, Günther, Savignyplatz bis Alexanderplatz. be.bra Verlag, Berlin 2001

Borchert, Otto U., Kennst du Charlottenburg? Was Straßennamen erzählen. Verlag Walter Göritz, Berlin 1930

Girra, Dagmar und Lais, Sylvia, Wegweiser zu Berlins Straßennamen/ Charlottenburg. Edition Luisenstadt, Berlin 1996

Gottwaldt, Alfred, Das Berliner U- und S-Bahnnetz. Argon Verlag, Berlin 1994

Ingwersen, Erhard, Die Kurfürsten des Kurfürstendamms. Berliner Forum 3/85, Berlin 1985

Kaléko, Mascha, Verse für Zeitgenossen. Rowohlt Taschenbuch Verlag GmbH, Reinbek bei Hamburg 1980

Katzur, Klaus, Berlins Straßennamen. Haude & Spener, Berlin 1982

Scholtze, Gisela, Charlottenburg und seine Straßen. Edition Hentrich, Berlin 1993

Voß, Karl, Reiseführer für Literaturfreunde – Berlin. Ullstein Verlag, Berlin 1986

[Abbildungsnachweis]

Bildarchiv Preussischer Kulturbesitz: S. 4
Uwe Friedrich: S. 8, 10, 16, 25, 54, 56, 59–64, 66, Titel, U4
Alle anderen Abbildungen entstammen dem Archiv des Autors

[Impressum]

Die Deutsche Bibliothek -
CIP-Einheitsaufnahme

Rund um Savignyplatz / Gerhard Drexel. - Berlin : be.bra-Verl., 2002
ISBN 3-930863-84-7

KulturBrauerei Haus S
Schönhauser Allee 37, 10435 Berlin
www.bebraverlag.de
info@bebraverlag.de
Gesamtgestaltung: Friedrich, Berlin
Lektorat: Hilke Gerdes, Berlin
Schrift: Univers 57 10/12pt
Druck und Bindung: ideapress
ISBN 3-930863-84-7